MARTA

Fernando do Ó

Marta

FEB

Copyright © 1947 *by*
FEDERAÇÃO ESPÍRITA BRASILEIRA – FEB

12ª edição – 3ª impressão – 3 mil exemplares – 5/2024

ISBN 978-85-69452-01-0

Todos os direitos reservados. Nenhuma parte desta publicação pode ser reproduzida, armazenada ou transmitida, total ou parcialmente, por quaisquer métodos ou processos, sem autorização do detentor do *copyright*.

FEDERAÇÃO ESPÍRITA BRASILEIRA – FEB
SGAN 603 – Conjunto F – Avenida L2 Norte
70830-106 – Brasília (DF) – Brasil
www.febeditora.com.br
editorial@febnet.org.br
+55 61 2101 6161

Pedidos de livros à FEB
Comercial
Tel.: (61) 2101 6161 – comercial@febnet.org.br

Adquirindo esta obra, você está colaborando com as ações de assistência e promoção social da FEB e com o Movimento Espírita na divulgação do Evangelho de Jesus à luz do Espiritismo.

Dados Internacionais de Catalogação na Publicação (CIP)
(Federação Espírita Brasileira – Biblioteca de Obras Raras)

O11m   Ó, Fernando do, 1895–1972

          Marta / Fernando do Ó – 12. ed. – 3. imp. – Brasília: FEB, 2024.
          160 p.; 23 cm.
          ISBN 978-85-69452-01-0
          1. Romance espírita. I. Federação Espírita Brasileira. II. Título.

                           CDD 133.9
                           CDU 133.7
                           CDE 80.02.00

Sumário

Capítulo 1 9
Capítulo 2 17
Capítulo 3 45
Capítulo 4 49
Capítulo 5 53
Capítulo 6 57
Capítulo 7 65
Capítulo 8 79
Capítulo 9 83
Capítulo 10 87
Capítulo 11 103
Capítulo 12 111
Capítulo 13 123
Capítulo 14 135
Capítulo 15 143
Capítulo 16 151

ILUMINANDO ESTE LIVRO

Ao Espírito daquele que foi o apóstolo bem-amado do Espiritismo no Brasil — Adolfo Bezerra de Menezes —, humilde homenagem de quem tanto tem recebido de sua caridade e do seu amor.

Fernando do Ó

1

Marta achava-se extremamente nervosa. De momento a momento, largava sobre a cama o livro que embalde procurava ler e dirigia-se à janela de onde se divisava o pomar, no qual frondosas mangueiras se erguiam imponentes e majestosas, acariciadas pelos reflexos macios do luar.

Quem, de longe, por entre o arvoredo da quinta do velho sertanejo, olhasse para o quarto de Marta no instante em que ela alongava os seus olhares pela estrada deserta não teria dificuldade para apreender-lhe a beleza que o busto admiravelmente impecável, nas linhas e na forma, revelava sem mais esforço.

Cabeça magistralmente cinzelada, rosto levemente oval, onde se incrustaram dois ônix; ombros bem proporcionados, seios opulentos, mas sem exagero; altura mediana, tez ligeiramente morena, características das filhas das regiões setentrionais do país — tal, em traços rápidos, o esboço plástico da heroína deste livro.

Noite alta, entretanto, Marta não dava sinais de quem desejava, num sono reparador, restaurar as energias físicas e mentais despendidas durante o labor do dia.

No silêncio em que se mergulhara a quinta ao anoitecer, só se ouvia, de longe em longe, o balir de alguma ovelha tresmalhada ou o agitar de asas de pássaros noturnos por entre o ritmo triste do seu canto fúnebre.

A filha do rude homem das brenhas chegou de novo à janela, agora excessivamente nervosa. Embora esse estado neurótico não lhe alterasse de maneira positiva os traços fisionômicos, desordenava-lhe, contudo, os gestos, ora precipitando-os, ora amolentando-os.

Dava pena vê-la assim: trêmula, medrosa, ousada, tímida, desvairada, como se pensamentos antagônicos se sucedessem vertiginosamente na satisfação diabólica de martirizá-la! Dava pena vê-la, já quase desesperançada, a olhar, com a persistência doentia peculiar aos dementes, a longa e erma estrada que se estendia, branca e sinuosa, à frente de sua casa, até se perder na sombra longínqua de um pedaço soberbo da serra da Borborema.

Inspirava compaixão o suplício daquela mulher de peregrina beleza, de olhos de ônix, a arfar os seios no seu desenvolvimento pleno sob o guante inquisitorial de uma ansiedade indescritível, ante o domínio fantástico dum estado d'alma desesperador!

Mas por que Marta não dormia? Que obsessão aquela de ficar à janela minutos a fio, sondar a estrada deserta como os corações que nunca amaram, erma como as almas dos desgraçados o são pela ausência absoluta de um bem que nunca morre?

Que poderoso motivo, que compromisso sagrado, que despótica vontade a tiranizavam assim, roubando-lhe o sossego do coração, a paz da consciência, a tranquilidade do espírito?

Que esperava aquela mulher, cujos gestos e impaciência a denunciavam como um ente verdadeiramente desventurado?

De novo o seu olhar mergulhou na estrada, àquela hora abandonada às carícias suaves e brandas da Lua que rolava no infinito. Abrindo desmesuradamente os olhos, já de si grandes, vivos, impacientes, assim se manteve quase cinco minutos para, em seguida, caindo sobre uma cadeira e cobrindo o rosto com as mãos requintadamente aristocráticas, murmurar, por entre lágrimas de arrependimento, de infelicidade e de dor, na angústia de um amor infeliz, de um grande amor sem esperança:

— Como sou desgraçada!

E soluçando convulsivamente, chorando talvez a morte de suas ilusões, acalentadas, sempre, com carinho no seu coração de mulher, Marta, desalentada na infinita provação de um amor irremediavelmente perdido, se deixou ficar na cadeira.

Que fazer, pois? Que caminho deveria seguir agora que nenhuma esperança lhe restava, que convencida estava da ingratidão superlativa de Fábio, desse homem que abusara de sua confiança, de sua inexperiência de moça, desse homem a quem, apesar de tudo, ainda amava com as últimas energias de sua alma tremendamente vergastada, qual deserto, pelo furacão da desgraça? Oh! se o amava! E por que não ser assim, se fora ele o único homem que soubera falar-lhe ao coração a linguagem sublime do amor?

Amor! Sim, amor ou loucura, mentira ou verdade, sinceridade ou hipocrisia, fora ele, aquele ente com aparência de justo, de santo, e coração de lama, que assim — naquela noite silenciosa e morna, quando o arroio lá embaixo gemia sobre os seixos irregulares de seu leito minúsculo; quando, no céu, numa orgia de luz, entes vaporosos arrojavam pelo Infinito, com a força de mil gigantes, gemas coruscantes, astros em profusão — lhe fizera compreender o lado material da vida, soberbo e opulento em sensações estranhas que acabam sempre por se encerrar no seio pequenino de uma lágrima que se torna grande e sublime pela dor cruciante que a provoca.

E o tempo passava... E Marta meditava sobre sua imensa desgraça...

Fora ali, à sombra discreta daquela jabuticabeira — assim pensando, volveu os olhos para o sítio que se descortinava, agora, impreciso e vago, pois que a Lua se amortalhara no farrapo escuro de uma nuvem vagabunda —, naquela gloriosa noite de São João, que Fábio a estreitara em seus braços nervosos, sorvendo na taça vermelha de sua boca o filtro olímpico do amor, enquanto, no terreiro da casa, crepitava a fogueira, ao redor da qual brincavam crianças, sertanejos contavam histórias de currupiras e sacis-pererês, vaqueiros descreviam, na imprecisão atávica dos gestos, marcações arriscadas, e menestréis choravam, na poesia bárbara dos desafios, a sua grande mágoa, a sua infinita saudade ao som das cordas metálicas da viola.

Marta

Sim, fora ali que ela lhe entregara o seu corpo de virgem com o assentimento tácito do coração.

Por que não morrera após o crime, no calor sensual de seus braços, pagando, assim, com a vida, o único momento esperançoso de sua existência, agora maldita, mil vezes maldita e desgraçada?

E fora ali também, com o testemunho sereno das estrelas e com a cumplicidade criminosa daquela sombra, que Fábio dissera que, após dois meses, viria buscá-la, a fim de, mais tarde, no Rio, onde ele estudava Medicina, se unirem pelo matrimônio que a redimiria de sua culpa. No entanto, esse dia chegara e passara sem que o homem que a possuíra desse sinal de vida. Nem mesmo cartas recebia mais. Entretanto, sabia-o de saúde, pois o Martinho, um infeliz que seu pai recolhera em casa certo dia, por ocasião de tremenda seca no Ceará, ouvia em casa dos pais de Fábio, quase que todas as semanas, a leitura das cartas do jovem estudante.

Que juízo poderia fazer desse homem?

Esquecera-a certamente e com ela o penhor de sua palavra de honra, agora, para Marta, simples farrapo de uma dignidade toda convencional.

E ela, para cúmulo de infelicidade em tal emergência, ia ser mãe, dentro de um, dois, quatro ou mais meses, e isso apenas por um golpe rude da fatalidade.

E os seus pais? Deus, que fazer?

A descoberta de seu crime seria a morte daquelas duas criaturas que tanto a amavam, adoravam mesmo.

— Como sou desgraçada! — gemia Marta no seu enorme infortúnio. — Que será de mim agora? — interrogava a infeliz no auge de um desespero que tocava as raias da loucura.

Não bem terminara sua pungente exclamação, reboou, no recinto do quarto, uma gargalhada satânica, saída talvez das profundezas de uma garganta diabólica a serviço de todas as potências malditas do averno.

Marta ergueu-se, de um salto, da cadeira onde, momentos antes, caíra esmagada sob o peso tremendo de sua desventura.

Fernando do Ó

Parece que aquela estentórica gargalhada a galvanizara no meio do quarto. Imóvel, hirta, olhos esbugalhados, assemelhava-se à estátua do pavor.

O artista que assim a contemplasse encontraria admirável modelo para, numa obra verdadeiramente sublime, imortalizar o seu nome. Quem ousara zombar assim de sua desgraça, precisamente no instante em que tinha diante dos olhos, ali mesmo, no âmbito estreito de seu quarto, a visão profética de um futuro terrível, fantástico, inconcebível? Quem? Silêncio profundo e impenetrável...

A asa negra de um pássaro noturno tangenciou em projeção o retângulo luminoso da janela que se desenhava, agora, na escuridão da noite, pois que a Lua de todo já desaparecera por trás do mastodonte granítico de um trecho da serra da Borborema — na areia do quintal deserto e silencioso.

Marta moveu-se e chegou à janela. Lançou um último olhar à estrada por onde um dia vira sumir-se, na primeira curva, a figura querida de Fábio, que levara para sempre seu coração. Nisso, ergueu as mãos à cabeça num gesto de quem se recorda de alguma coisa esquecida nos escaninhos da consciência e murmurou, transfigurada pela lembrança torturante de um acontecimento:

— A mesma gargalhada daquele dia, a um tempo feliz e desgraçado, repete-se neste momento para maior castigo! Donde vem? Impossível saber. Parece-me que vem de mim mesma, do meu próprio ser, pois que Fábio não a ouviu quando me cobria de beijos e de carícias! Acaso em mim residem duas almas: uma que canta e ri, gargalha e zomba, e outra que chora e geme; uma que mofa de minhas apreensões e cuidados, e outra que soluça ao peso esmagador de uma desgraça irremediável? Quem sabe se é começo de loucura? Antes assim o fosse porque, na grandeza de meu infortúnio, a minha consciência adormecida e a minha razão obliterada não poderiam aquilatar a força destruidora desse furacão de desditas que açoita, sem piedade, o meu triste coração de mulher.

Já os galos cantavam amiúde e o passaredo sacudia suas asas em curtos voos, ao redor, e Marta permanecia ainda de

Marta

pé, debruçada no peitoril da janela, com a cabeça a arder em febre. Meditava sobre aquela sacrílega gargalhada que, nos momentos felizes e amargos de sua vida, irrompia do seu eu, exteriorizando-se somente para si mesma, para maior tortura de seu espírito combalido em consequência de tantas emoções, de tantas dores.

Lembrava-se de que Fábio lhe dissera, quando ela ouvira pela primeira vez aquele gargalhar maldito, que seu estado de nervos a alucinava e, consequentemente, a fazia ouvir e ver certas coisas que só em sua imaginação exaltada tinham curso.

Queria, em face dessa explicação que lhe parecia satisfatória e aceitável, repelir ideias negras que lhe aderiam ao espírito como abutres insaciáveis, mas sentia-se impotente para dominar-se a si mesma.

Estava sendo vítima de uma obsessão cruel, horrível mesmo.

Coitada de Marta! Quando poderia supor que um dia, na idade dourada das ilusões, no período áureo da mocidade, quando tudo são alegrias e esperanças ridentes, se acharia, assim, perdida para todo o sempre, arrastando em sua queda existências preciosas e úteis a quem devia o seu bem-estar, a sua educação doméstica e literária?

Lembrou-se então de seu tempo ditoso de colegial, quando, menina ainda, interna de modelar estabelecimento de ensino da capital de seu estado, aguardava com visível ansiedade o encerramento do ano letivo, a fim de voar para a quinta querida, abraçar seus pais, o Martinho, que lhe votava afeição verdadeiramente angélica, trepar nas árvores do pomar, em cujos galhos possantes lhe parecia que os frutos eram mais saborosos.

— Como tudo se acaba, meu Deus!

Agora, parecia que as potências infernais, para recrudescerem os sofrimentos e as provações, avivavam na mente exausta de Marta os episódios felizes de sua vida desde o ponto que sua memória podia atingir até o momento em que se entregara a Fábio, esse mesmo Fábio que ela há oito dias esperava com torturante impaciência.

Fernando do Ó

Dois meses e oito dias, pois, já haviam decorrido após o crime e a partida do sedutor.

Esperava embalde o momento em que se devia realizar a sua fuga da casa paterna, com aquele a quem dera, num momento em que o desejo fez calar a voz da consciência, o seu corpo de virgem. Entretanto, ele não cumprira a palavra empenhada, de que viria buscá-la na noite do dia 15 de maio de 191..., visto que os pais de ambos se opunham ao casamento: o de Marta, por saber em Fábio um libertino, e o deste, por ter em Marta apenas uma jovem que gostava mais de romance e de baile que dos próprios arranjos da casa.

Tudo isso a coitada, já agora às imprecisas claridades do dia que despontava, rememorava com amargo sorriso nos lábios ressequidos pela febre.

Sim, talvez o velho Mário, pai de Fábio, tivesse razão.

Quem sabe se a leitura de romances não lhe trabalhara mesmo o caráter? Sim, porque as leituras duvidosas se insinuam na alma como estimulante, acordando sentimentos adormecidos nas criptas misteriosas da consciência.

Ela, porém, não era uma mulher perdida. Fora sempre sóbria nas palavras e recatada nos gestos. Agora, sim, era criminosa, mas alguma coisa, latente em seu âmago, lhe dizia que não era a maior culpada, não passava de vítima da maldade de um homem que lhe não merecia o amor.

Mas ninguém a defenderia; antes, pelo contrário. Conhecido o seu crime, todos a injuriariam, todos lhe lançariam à face a culpa e, por onde passasse, só o apodo da sociedade a receberia, dessa sociedade que podia evitar maiores desgraças se interviesse oportunamente e se fizesse sentir na vida dos desgraçados que, após cometida a primeira falta e por isso mesmo cruelmente castigados, vão rolando cada vez mais pelo declive do vício até morrerem com a alma e o corpo apodrecidos.

Só para a mulher existe o rigor das convenções sociais. Só para elas existe a culpa. Enquanto os homens — responsáveis imediatos por todas as desgraças humanas — espezinham cobardemente a honra de seu melhor amigo, fazendo uso dos meios mais abjetos e revoltantes, a sociedade vai pedir à mulher contas de seus atos, enxotando-a de seu seio e permitindo — para cúmulo da imoralidade e do descaro — que o Don Juan, o adúltero miserando, continue a viver em seu seio, cercado de todas as considerações.

À mulher, não se lhe perdoa o erro, não se lhe admitem as vacilações no cumprimento do dever, ao passo que ao homem se dá o direito de matar, roubar, desonestar, adulterar, pois que, cumprida a pena a que foi condenado pelo tribunal da justiça popular, poderá reingressar no seio dessa mesma sociedade que ele salpicou de sangue ou lama.

À mulher, nunca! Cometida a falta, fecham-se-lhe as portas da sociedade, abrindo-se-lhe de par em par as dos bordéis, essas nódoas perenes e indeléveis atiradas à face poluída de uma sociedade injusta que se cadaverizou no vício e na hipocrisia!

Entretanto, se a mulher decaída tivesse dessa mesma sociedade, de onde ela saiu cabisbaixa pela vergonha da falta quase sempre cometida às instigações do homem, a assistência moral devida, e não um castigo que se prolonga pelo resto da vida, a humanidade não presenciaria o que hoje, alarmada, contempla e que nada mais é que o fruto de sua incúria, a obra de suas próprias mãos.

Proteger e amparar a decaída não é proteger o vício e amparar o crime, nunca! É uma medida de profilaxia moral, inspirada no amor e na justiça.

Não se diga que fazemos a apologia do crime! Não!

Combatemos o erro de uma sociedade imprevidente, cruel e inexorável para uns e displicente, tolerante e complacente em excesso para outros.

Ou o criminoso, após o cumprimento da sentença, reingressa na sociedade, redimido pela dor e como tal passa a ser considerado; ou, seja ele homem ou mulher, morre em eterno ostracismo, complemento direto da pena que a justiça social lhe infligiu.

Essa é a lei!

Mas voltemos a Marta.

2

Longe, nos píncaros da serra, surgia devagar o carro de fogo do velho Sol, derramando catadupas de luz por sobre a cabeça verde-escuro das florestas.

Marta, insone, olhava agora o pomar.

Avezinhas implumes pipilavam na maciez tépida dos ninhos, enquanto os sanhaços beliscavam, em grande algazarra, a polpa saborosa dos cajus.

Mugiam vacas no curral e nédios cavalos galopavam pelo campo, em relinchos festivos.

As aves canoras trinavam, gorjeavam nas franças das jaqueiras pejadas de frutas perfeitamente maduras.

E Marta, ainda no peitoril da janela, contemplava essa doce poesia do despertar da natureza, às claridades cruas do dia.

Tudo era festa, tudo alegria, tudo esperança nessa clara manhã de estio. Só a alma e o coração alanceado de Marta gemiam, ali, debruçados sobre o cadáver ainda quente das suas derradeiras esperanças.

Esfumaram-se, esbateram-se ao contato frio da realidade esmagadora, na brutalidade do golpe que o destino lhe vibrara, todas as suas ilusões de moça e os seus enganos de mulher bonita.

Marta

Marta não reparara, tão absorta estava, mais na contemplação interior de si mesma do que na poesia bucólica desse despertar em pleno sertão, que Martinho — o infeliz retirante de outrora, que a caridade de seu pai recolhera àquele teto hospitaleiro, antes feliz e agora inteiramente desgraçado — se dirigia, cabisbaixo e triste, para a janela de seu quarto.

Franzino, pequeno, moreno, mas de fisionomia a um tempo enérgica e simpática, Martinho era bem o tipo do cearense martirizado pelo meio.

— Bom dia, Tatinha — falou a medo o sertanejo.

— Ah! — disse apenas Marta, saindo de sua abstração e voltando à realidade das coisas.

— Passaste bem a noite, Tatinha? (pois era esse o tratamento de Marta em família) — indagou Martinho, cheio de visível ansiedade.

— Talvez eu mesma não te saiba dizer.

— Se me permites a indiscrição, eu te direi que não dormiste em toda a noite.

— E como sabes, Martinho, que não pude dormir durante a noite? Acaso notas em mim vestígios dessa insônia que me torturou até há pouco?

— Não só a fisionomia trai o teu segredo, senão que teu aspecto geral é de quem não dorme há muitos dias. Depois... Depois... É que... Bem, não falemos nisso...

— Agora fala, é preciso que fales, eu quero que fales — ordenou Marta, seriamente preocupada.

— Por que não te deitaste essa noite, Tatinha? Olha que isso te fará muito mal. Estás tão magrinha...

— E quem te disse que me não deitei?

— Eu o sei. Não dormi também. Estava a cuidar-te, porque sabes bem que tua vida...

E calou-se, confuso e arrependido depois de ter avançado muito. Não deveria ter-se excedido, mas fora ela a culpada, indagando tanto.

Marta, no entanto, não estranhava esse começo de uma confissão grave. Sabia de sobejo que Martinho a amava mais do que ele próprio supunha. Já de há muito vinha observando-lhe a conduta singular, surpreendendo-lhe os olhares prolongados e significativos, os gestos mal disfarçados e a terna delicadeza com que a tratava depois de um certo tempo.

Mas era-lhe lícito corresponder a esse sentimento, a essa afeição sincera e nobre? E por que não? Se bem que Martinho fosse um desconhecido, um ser cuja família jamais se fizera conhecida, era, contudo, um homem de caráter, de nobreza de coração, representante genuíno do tradicional cavalheirismo sertanejo. Seus pais — isso era indiscutível — opor-se-iam formalmente a um casamento tão grotesco quão desigual. Ela era mulher, porém. Talvez aplaudissem mais, mil vezes mais, esse enlace desigual que o passo errado que acabava de dar.

— Olha, Martinho — disse por fim Marta —, não gosto que me observem. Sei conduzir-me.

— Perdão, Tatinha — gemeu o infeliz. — Sabes bem por que o faço; não é por mal, é porque te amo acima do próprio Deus e, por isso mesmo, seria capaz de tudo para merecer um dia teu afeto.

E calou-se, emocionado pelo esforço que fizera.

Esperou uma resposta, contendo as pulsações do coração, como quem aguarda tremendo golpe sobre a cabeça ou a determinação horrível de uma sentença inapelável.

Esperou, humilde, alguns minutos e, passada a primeira emoção, sem que nenhuma resposta obtivesse, alçou o olhar para a janela em que Marta, havia algum tempo, se debruçara, e seus olhos encontraram os dela, que o fitavam docemente. Mas — ó desventura das desventuras! — brilhava em cada canto daqueles olhos, que o prendiam com doçura infinita, uma lágrima, verdadeiro poema que só a alma de outra mulher poderia compreender naquele instante.

— Tatinha — suplicou, trêmulo e comovido, tirando do bolso um lenço branco —, pelo amor de Deus, toma este lenço e com ele enxuga esses olhos pisados de chorar, e dá-mo depois para que eu guarde, bem junto do coração, as lágrimas vertidas um dia pela única mulher que amei na vida. Toma, Tatinha, tem pena de mim...

Marta

Marta olhava-o com o mesmo sorriso amargo de há pouco e sentiu que lhe era impossível, agora, aceitar aquele amor que, como tábua de salvação, viria talvez redimi-la da sua grande culpa. Era demasiadamente tarde para a sua redenção.

Estendendo o braço, tomou o lenço que Martinho lhe oferecia em atitude súplice e, após enxugar vagarosamente os olhos, como a dizer que, na impossibilidade moral de dar-lhe o coração, lhe ofertava as lágrimas pungentes de sua alma ulcerada, restituiu ao amoroso sertanejo aquele pedaço de pano molhado pelo seu pranto.

Martinho agarrou-o avaramente e, num gesto que a fez rir, ocultou-o sob a camisa, do lado esquerdo, perto do coração.

Feito isso, desapareceu no meio do pomar.

Ela ficou a contemplá-lo com um olhar compassivo e meigo.

— Como ele é bom... — murmurou a desgraçada.

E, pensando-lhe na nobreza de caráter, lembrou-se de confessar-lhe toda a sua imensa tortura, pedindo-lhe um conselho, um alvitre para sair daquela posição terrível em que se colocara num momento de verdadeira loucura.

Ele, sim, não a condenaria, porque era bom, generoso e complacente. Repreendê-la-ia fatalmente, mas seria incapaz de demorar-se na apreciação da falta.

E se ele a aceitasse por esposa? Não!

Seria uma infâmia de sua parte abusar dos sentimentos enobrecedores de Martinho, de sua paixão exaltada, para apagar um erro.

Isso não faria nunca! Morreria na miséria, rolando pelo mundo entre as mais abjetas mulheres, mas não mesclaria, com uma só lágrima, a vida honesta do pobre sertanejo.

Isso nunca! Mas, se ele a aceitasse após a confissão, teria ela culpa? Entretanto, uma voz interior, alguém dentro dela, lhe dizia que sim, que não deveria levantar o castelo de sua felicidade sobre os escombros da honra alheia! Mas, que justiça, santo Deus, não permitir à pecadora redimir-se por uma vida toda de sacrifícios e abnegação?

Era ela mesma quem intimamente não queria, pois que nenhuma lei divina ou humana proíbe o criminoso de regenerar-se.

Fernando do Ó

Era ela quem arrojava para longe essa tábua de salvação que lhe surgia no momento em que se debatia nas ondas rugidoras do oceano proceloso da vida.

Uma leve pancada, na porta de seu quarto, chamou-a à realidade.

— Está pronto o café, Tatinha — disse uma negra velha,[1] após ter Marta aberto a porta. — Os patrões estão esperando.

— Já vou. Não demoro muito.

Após a indispensável higiene matinal e alguns arranjos da toalete, a passos firmes e seguros, dirigiu-se ela para o refeitório, onde seus pais já a aguardavam com um sorriso bondoso nos lábios.

— Bênção, papai; bênção, mamãe — disse ela ao entrar.

— Deus que te dê juízo, minha filha — disseram a um tempo os dois velhos, já então à mesa.

Marta sentou-se ao lado de sua mãe, não sem ter sentido ligeiro estremecimento ao ouvir as palavras dos pais.

Seria proposital ou fora mero acaso que os levara a pronunciar as palavras que lhe feriram fundo o coração? Teria Martinho revelado alguma coisa do que se passara? Impossível. Ele seria incapaz de uma indiscrição.

— Serve-te, minha filha, desse bolo que a Josefa fez essa noite. Está saboroso — disse-lhe a velha mãe.

Marta não podia suportar o café e muito menos o bolo, mas, para não dar a entender que se achava sob o domínio tirânico de profundo pesar, tomou alguns goles de café e provou duma fatia da gulodice.

Terminada a ligeira refeição, pediu licença aos pais e, levantando-se, encaminhou-se para o piano.

Abriu-o com ar negligente e despreocupado.

Percorreu as páginas de seu álbum com irritante desinteresse. Não encontrava nada que lhe agradasse.

É escusado dizer-se que Marta era exímia pianista.

---

1 N.E.: Essas ideias refletem o espírito da época em que a trama se desenvolve ou de quando a obra foi escrita.

Marta

Alma verdadeiramente de artista, temperamento vibrátil, ela fora uma das melhores alunas de seu tempo. Muitas de suas composições corriam mundo sob pseudônimo.

Seu maior consolo, nas horas de profundo abatimento, era abrir o piano e transmitir-lhe as emoções e tristezas de alma sonhadora.

Sem encontrar nas páginas de seu álbum alguma coisa que lhe satisfizesse, quedou-se pensativa a fixar seus grandes olhos negros no teclado ebúrneo do querido piano.

Súbito, estremeceu. Suas mãos, obedientes a estranha vontade, percorreram, ágeis, o teclado. E começou a executar inédita partitura, trecho desconhecido, improviso empolgante, arrebatador, sublime mesmo.

A inspiração, derramando-se-lhe pela alma, chegara ao coração e, daí, como para lhe exteriorizar os soluços do espírito em tortura, se extravasava em catadupa de ritmos sublimes pelo teclado do piano, que cantava e chorava, ria e soluçava sob pressão frenética dos dedos mágicos que o comprimiam.

Seus pais, que ainda se conservavam à mesa e que de ordinário pouco se interessavam pela música, entreolharam-se admirados em face dessa torrente de harmonia que, ora falando ao coração, era o soluço despedaçador de uma alma torturada, alanceada; ora falando ao espírito, era a revelação de um segredo mil vezes guardado na sombria cripta da consciência.

Marta, empolgada, arrebatada naquele dilúvio de sons, verdadeira cascata de harmonias mil, cada vez mais revelava o mistério desse amor infeliz, o romance dessa afeição destruída pelo braço sacrílego da ingratidão, romance que seus pais não conheciam e que ela desejava ocultar.

Estava agora verdadeiramente transfigurada!

As linhas suaves do rosto e o brilho feiticeiro do olhar haviam-se modificado qual se estranha entidade de outros mundos, por um fenômeno mediúnico, se houvera apossado de seu corpo para executar alguma composição que lhe não fora permitido transmitir na Terra.

Tudo quanto possa sentir um ser humano e revelar pelo condão mágico da palavra, Marta dizia por meio de sons multifários, como se a alcançasse a inspiração protetora de alguma criatura sideral que tomasse parte nos concertos divinos das esferas celestes.

* * *

Perto de meia hora esteve ao piano na interpretação de uma página digna de Beethoven.

Ao sair daquele estado de divina dominação, perdera completamente a consciência do que executara.

Demais, fora um improviso, julgava-o ela piamente.

— Que nome deste, minha filha, a esse soberbo trabalho que jamais te ouvimos interpretar? — perguntou-lhe o pai, agora de pé, passeando pelo amplo refeitório.

— "Despedida de Marta" — replicou a infeliz, sem atinar bem com o que dizia.

— Nesse caso, vais morrer ou nos deixar?

— Só Deus o sabe — tartamudeou a sertaneja.

Dito isso, retirou-se para os seus aposentos e daí para o jardim. No caminho, encontrou-se com Martinho e atirou-lhe esta ordem, precipitadamente, como se temesse recuar em seu propósito:

— Preciso de ti, Martinho, lá embaixo, no curral.

Ele, em sobressalto, num misto de inquietação e ventura, pois era a primeira vez que ela o procurava para falar-lhe a sós, seguiu pressuroso os passos da mulher a quem amava acima de tudo.

Presto, chegaram ao curral, dirigindo-se a sertaneja para a sombra de enorme cajueiro.

— Senta-te aí, Martinho, pois o que tenho a dizer-te é um pouco longo e, sobretudo, fastidioso.

Ao pronunciar essas palavras, a voz lhe tremia e o peito arfava desordenadamente.

Um sorriso amargo, triste, dançava em seus lábios vermelhos e úmidos.

Era o primeiro passo para tornar público o seu grande erro. Mas estava resolvida a contar tudo àquele homem que a amava e, depois, pedir-lhe um conselho.

Marta

Necessitava desabafar, contar todo o rosário das suas desventuras.

Parecia-lhe que, se confiasse a alguém o terrível segredo, a consciência se lhe tornaria mais leve, menos inquisitorial. E assim pensando, tomou aquela resolução tremenda.

— Escuta-me, Martinho, é verdade que me amas?

O apaixonado sertanejo, que ainda não saíra de sua perplexidade em face do estranho procedimento daquela que lhe fazia pulsar desordenado o coração, abriu muito os olhos e quedou-se, ridículo e grotesco, apalermado, sem saber o que devia responder.

— Não falas? — indagou a sua interlocutora com uma ponta de impaciência.

— Mas tu bem sabes, Tatinha, que te amo sobre todas as coisas — respondeu, por fim, o filho adotivo do velho Carlos.

— Pois bem — continuou ela —, vou exigir de ti, em nome desse amor, que jamais reveles a quem quer que seja — ouve bem! — o que te passarei a contar.

— Serei um túmulo — disse com convicção o sertanejo.

Marta calou-se.

Meditava...

Em quê?

Nunca, jamais, ninguém o soube.

O arroio lá embaixo, no seu leito, soluçava.

Pássaros cantavam nas frondes das árvores engalanadas de folhas verdes.

Alguém cantarolava ao longe uma trova de desafio.

Vaqueiros tangiam as boiadas para o bebedouro.

A serra da Borborema, como um gigante adormecido, erguia-se distante, azulada, dominando a paisagem.

Marta, silenciosa e triste, meditava.

Que lhe ia na alma em chaga, no coração em lágrimas?

Entretanto, meditava...

Um bando de aves de arribação pousara, naquele momento, do outro lado do arroio, num tatalar de asas fortes.

Uma ovelhinha, desgarrada do rebanho, bebia água ali perto.

Fernando do Ó

O céu claro, diáfano, era cortado, de quando em quando, por farrapos de nuvens que o vento esgarçava.

Martinho olhava, embevecido, as formas voluptuosas de Marta. Tinha ímpetos de arrojar-se a seus pés, segurar-lhe as mãos e depor, naqueles lábios vermelhos, os seus mais ardentes beijos.

Continha-se, porém.

Era difícil a situação para ambos: de um lado, um homem que esperava cair dos lábios da mulher adorada a sentença que decidiria sua sorte; de outro, uma mulher em tortura com um profundo segredo no coração.

Marta, enfim, falou:

— Martinho, o que te vou contar é demasiadamente grave: é a história de uma alma alanceada pela dor, é o segredo de um ente desgraçado, dum espírito fraco, é a minha vida, enfim, Martinho, com todo o seu cortejo de infelicidades, nos aspectos angustiantes, nas cenas empolgantes, dolorosas e emocionais. É de um enredo corriqueiro, vulgar, mas as circunstâncias em que se deram os fatos emprestam-lhe grande valor dramático, verdadeiramente teatral. E o pior, Martinho, é que isso é apenas o prólogo desse drama comovente que em breve conhecerás em todos os seus mais insignificantes pormenores. Estou, como vês, no limiar da vida: moça e, talvez, formosa, inteligente e culta, estou fadada, por isso mesmo, a um futuro amargo e mesquinho.

Dito isso, calou-se.

Uma tempestade de sofrimentos açoitava-lhe agora o coração. Cedo aquele homem lhe conheceria o segredo, as minúcias de seu erro e, certamente, justo e, por isso, inexorável, a repeliria como um ente indigno, uma mulher vulgar, uma pecadora qualquer, uma — por que não dizê-lo? — prostituta, enfim!

Demasiado severa consigo mesma, ela encarava a própria falta como horrendo e imperdoável crime.

Passando a mão pela fronte, compondo o cabelo que o vento desordenava, não reparou que nos olhos tristes do seu auditor brilhavam duas lágrimas, atestado eloquente da grandeza de seu caráter.

Marta

Sofria talvez muito mais do que a própria pecadora, porque ela era — antes de tudo — a eleita de seu coração! E quando se ama com sinceridade, quando se sente o fogo sagrado do amor aquecer as nossas almas, quando se bebeu o filtro do amor na taça da inspiração, nos mistérios da intuição, o ente amado, seja ele a mais abjeta criatura, vive sempre nimbado aos nossos olhos pelo clarão mágico da virtude!

Mas que segredo terrível era esse que Marta começava a pintar com cores tão carregadas?

Acaso teria ela... Não! Como? Seria possível que essa mulher, cujos dotes de inteligência ele tanto admirava, fosse resvalar como uma criatura vulgar, ignorante, inculta e boçal? Mas também quem o autorizava a afirmar que os sentimentos de honra e dignidade estão na razão direta da intelectualização da alma? Não se têm visto tipos de grande valor mental desconhecer ou esquecer os mais elementares preceitos da moral privada? A alma evolve em dois ramos: pelo lado intelectual e pelo moral. Um não é função do outro, pois que se têm observado indivíduos analfabetos que se deixariam matar a cometer uma ação ignóbil, capaz de refletir-se em sua honra! Verdade é que um Espírito instruído tem por obrigação manter uma linha de conduta irrepreensível. Mas a moral não é fruto de uma educação mais ou menos esmerada; é uma aquisição do Espírito por meio de vidas múltiplas, influindo mais, para essa conquista, a dor, que entra aí como fator primacial.

— Até completar os meus estudos — continuou ela —, não conhecia esse estado de alma, esse bater desordenado do coração, essa ânsia e essa tortura a que a sociedade convencionou chamar amor. Os homens, até então, nenhum interesse me despertavam. Fitava-os com a mais absoluta indiferença. Parecer-te-á muito minuciosa a descrição, e que, até por certo sentimento de pudor, deveria passar por alto em determinados pontos, mas não quero assim. Preciso mostrar-te minha consciência tal qual é agora. Demais, conheço a nobreza de tua alma, e és, para mim, mais que um irmão. És mais alguma coisa... Prossigo.

Fernando do Ó

"Um dia, porém, e já lá vão dois longos anos, conheci um homem que me fez bater mais forte o coração. Que seria? Que mistério nos guia nesta vida, meu Deus? Por que não amamos, nós, as mulheres, a todos os homens? Por que não amam os homens a todas as mulheres? Que lei poderosa rege o fenômeno? Por que uns nos despertam sentimentos afetivos, e outros, de ódio e desprezo? Que humana ciência pode desvendar esse arcano? Penso que vivemos, neste mundo, a um tempo unidos e dispersos. As almas se procuram no seio das multidões, até o encontro feliz ou desgraçado! E por que, quando se acham, se prendem, se irmanam, se confundem; como que na mesma essência não perduram os mesmos sentimentos, não cantam sempre os corações entrelaçados pelo amor, não vibram pela eternidade, na vida, na morte, depois da morte, ligadas Infinito afora, essas duas almas que se procuravam por tanto tempo? Por que amores infelizes, amores que custaram a nascer, amores que tiveram uma gestação longa e dolorosa nos recônditos da alma? Por que as uniões desgraçadas?"

Mistério dos mistérios que em vão tentava penetrar.

Martinho fitara-a, perplexo.

Até onde pretenderia ela chegar com essas considerações de ordem transcendental? Por que tanta preocupação, se ele já tinha intuição do que acontecera? Resignou-se, entretanto, a esperar o desfecho daquela confissão.

A jovem tinha agora o olhar perdido no vácuo como se estivesse a rememorar dias infelizes ou felizes de sua existência já fértil em dissabores.

Seu aspecto era o de quem passava por dolorosa provação. Sua alma, como que crucificada na dor, se alheara, por instantes, das coisas exteriores.

Inspirava dó contemplá-la assim, transfigurada por fantástica expiação.

Seu Espírito, naquele momento, parecia que voava para longe, para bem distante, em busca de extinta afeição, de um amor que fugia à proporção que ela avançava, pelo pensamento, para alcançá-lo!

Marta

Alucinadora miragem!

De quando em quando, passava pela fronte ampla, onde uma ruga precoce fortemente se acentuava, na revelação inconcussa de infortúnio oculto, a sua mãozinha aristocrática em cujo dedo indicador faiscava minúsculo brilhante.

Martinho, numa ansiedade cada vez mais pronunciada, estava como pendente dos lábios de sua interlocutora.

— De então para cá — prosseguiu Marta, aprumando o busto —, comecei a viver num verdadeiro inferno que me proporcionava, porém, vezes raras, horas felizes de célicos prazeres. É que no infortúnio também temos, por uma lei de compensação, momentos, embora fugitivos, de consolações fortalecedoras. Pelo hábito da desgraça, somos felizes na dor, venturosos no sofrimento, serenos na adversidade, calmos e tranquilos nas provações. Eu vivia, assim, Martinho, com o coração no inferno e a alma no paraíso.

"Nessa alternativa de pesar e prazer, transcorreram meses. O homem que fez vibrar o meu eu insinuava-se cada vez mais em minha simpatia, de maneira que a breve trecho me senti totalmente presa à rede misteriosa de sua sedução. Como são fracas as mulheres! Por que, ó Deus, deste às mulheres esses requintes de sensibilidade que as tornam tão frágeis? Mas... já vai longe esta narrativa e é mister que eu lhe ponha termo. Agora, Martinho — continuou ela após um momento de reflexão —, entro no âmago de minhas dores.

— Perdão, Tatinha — replicou o sertanejo, comovido —, não quero que continues, porque sei o resto, e o final de tua confissão será mais uma tortura para a tua alma que, apesar da falta, eu considero pura, imaculada e santa. Basta! Por Deus, não continues!

— Entretanto, é necessário que saibas como eu pequei — redarguiu Marta com um sorriso amargo. — Quero, para maior castigo meu, revolver o punhal na ferida que sangra ainda e que sangrará para sempre. Não sabes que na própria confissão de nossas faltas reside agridoce consolação? Contar as nossas dores, as nossas desditas a alguém que se interessa por nós alivia o coração do peso tremendo das prevaricações e tranquiliza um pouco a alma. E, depois, eu me sinto tão bem ao recordar as minhas horas de infelicidade e pesar...

— Não fales assim, Tatinha — suplicava o bondoso moço —, porque me fazes sofrer horrivelmente. Basta que saibas ser eu um amigo dedicado e que jamais te acusaria por uma falta que, afinal, cometeste arrastada pelos teus sonhos de moça e, sobretudo, pela simpatia irresistível que te inspirou o filho do Mário, o melhor amigo de teu pai.

— Quê? Pois tu sabes que foi Fábio... — gemeu a desgraçada.

— Não, Marta, eu o soube agora por uma rápida associação de ideias ou pelo que considero o sexto sentido humano: a intuição. Mas chega de magoar-te, basta de suplício! Se soubesses — por que não dizê-lo? — quanto hei chorado, quanto tenho sofrido, quanto tenho desejado a morte, Tatinha, tu te compadecerias de mim, da minha desventura. Nasci para a desgraça, para nunca sentir no coração a réstia luminosa de uma afeição prolongada e eterna. Cedo, muito cedo, ainda quando mal balbuciava o nome santo de minha mãe, que Deus chamou ao seu regaço, começaram as minhas provanças, o apuramento da minha alma no cadinho das angústias superlativas. Recolhido, por um sentimento de caridade, àquela casa que hoje é o santuário onde tenho o vinho eucarístico da virtude — e apontou para o velho casarão de linhas graves onde Marta nascera aos beijos sagrados de sua mãe —, julguei iniciar-se nova vida para o meu Espírito, tão cedo vergastado pelo infortúnio. Mas assim não aconteceu. Se de um lado a afeição caridosa de teus pais e de ti mesmo me imergia em oceanos de satisfação e quietude, de outro, como uma sombra a empanar o céu de minha felicidade, dois olhos sonhadores de mulher me perturbavam a alma, lançando-me no coração um vago pressentimento de esperanças mortas... É que eu te amava, eu, filho humilde de pobre sertanejo que a seca um dia alijou de sua terra natal; eu, o ente desgraçado que achou guarida no seio abençoado de tua família; eu, que não tive os brinquedos infantis, que passei por essa quadra risonha da vida arrastado pela mão da miséria, que nunca sonhei, que nunca tive esperanças; eu, Tatinha — alma gêmea da minha —, eu, que te via risonha e fresca como as rosas maravilhosas da minha terra distante, eu te amava e adorava com essa loucura dos quinze anos, com essas ilusões fagueiras da mocidade, e que são, por assim dizer, quase que a própria razão de ser de nossa vida aqui. Aqui, sim, porque eu creio numa outra vida isenta de lágrimas para aqueles que pela Terra passaram com a consciência iluminada pelos albores celestiais do bem e da verdade.

"Cresci aqui, sob o teto hospitaleiro de tua casa, e aqui recebi a luz sagrada da instrução, que bondoso e venerando ancião derramava, pela caridade de teu pai, na minha alma predestinada aos embates cruentos da vida. Aqui também te amei, admirei e adorei, ocultando — diante da minha humílima condição social — aos olhos de todos essa paixão que me devorava — como um polvo de mil tentáculos — a essência da própria alma.

"E hoje, neste momento, esse amor, essa admiração e essa adoração se consubstanciaram, por um fenômeno que escapa aos processos especulativos da ciência humana, no sentimento intraduzível da veneração. E sabes por quê? Porque já não és feliz, és simplesmente desventurada!

— O almoço está na mesa — interrompeu a velha criada da casa, que se aproximara sem que eles se apercebessem.

— Sim. Vai, que nós já iremos — respondeu Marta, passando seu alvíssimo lenço de cambraia pelos olhos que o pranto avermelhara.

— Depois, à tarde, prosseguiremos, Martinho, na mútua confissão de nossas dores — disse Marta, levantando-se e dirigindo-se para casa.

Ele ficou imóvel, contemplando aquela mulher que o havia enfeitiçado e que, no entanto, não passava de uma desgraçada.

Fitou-a até que seu vulto, majestoso pela beleza helênica das linhas e dos contornos, desaparecesse no meio do pomar distante.

Fernando do Ó

— Somos almas irmãs que saímos do coração do Eterno ao mesmo sopro criador!

Acaso as obras espiritualistas não lhe afirmavam a atração dos entes pelas simpatias e afinidades?

Sim, foram criados um para o outro. Mas como discernir essa afeição quase imortal que Marta votava a Fábio, o homem que a infelicitara? Como armar essa equação fantástica que lhe surgia de repente no espírito?

Consultaria novamente os seus autores prediletos a ver se encontrava a solução do problema. Enquanto isso não se desse, desceria dos altos domínios da filosofia para rolar pelo chão duro da vida.

Conservava-se ainda na mesma posição em que ela o deixara, quando ouviu que alguém o chamava. Voltando-se, viu ao longe Marta a acenar-lhe com seu lencinho. Compreendeu que o chamavam para o almoço.

Recompondo a fisionomia, dirigiu-se para casa com a impassibilidade de quem, naquela triste manhã de estio, nenhuma emoção experimentara.

O almoço decorrera na monotonia de sempre: poucas palavras, poucos gestos, quase nenhum sorriso.

Maria — a mãe de Marta —, com esse dom peculiar às mães, não deixou de notar algo no semblante quase impenetrável da filha.

Martinho mantinha-se como de costume: sereno, calmo e grave, como sói acontecer com os que reconhecem sua humilde origem e a benevolência de seus benfeitores.

Carlos, o chefe da família, pouco reparo fazia à conduta da filha, pois a achava capaz de dirigir-se a si mesma, mercê de sua inteligência e ilustração.

Terminado o almoço, Marta encaminhou-se para o seu quarto. Os velhos ficaram à mesa, quase sonolentos, e Martinho retirou-se logo, a fim de dar uma vista d'olhos aos trabalhos da quinta.

Dia quente de verão.

As cigarras estridulavam na galharia das árvores copadas.

Marta

O calor abafava.

A um canto do refeitório, um gatinho dormia a sono solto e um guaipeca resfolegava com a língua de fora.

O velho Carlos adormecera numa *chaise longue*. Maria contemplava, de uma janela, o céu escampo e diáfano.

Bois mugiam de quando em quando no campo aberto.

Canários cantavam alegremente.

As cigarras impertinentes continuavam a estridular.

De quando em quando, ouvia-se o canto triste dos trabalhadores.

O Sol retinia sobre a areia cálida dos caminhos. Olhando-se ao longo da estrada, tinha-se a impressão de que a areia se tornara combustível, dadas as ondas de calor que dela se desprendiam.

As árvores dormiam a sesta e tinham estremecimentos de dor.

A paisagem cansava pela monotonia torturante dos aspectos.

Martinho, de volta de sua inspeção ao trabalho na lavoura, sentou-se à sombra magnífica de uma jaqueira.

Meditava...

Que lhe ia na alma?

Ninguém o soube nunca.

Absorto em suas reflexões, em seu destino talvez, agora brutalmente afetado pela confissão de Marta, não reparara que a filha do velho Carlos também meditava, debruçada sobre a janela, apoiando em uma das mãos a cabeça em que fervilhavam pensamentos vários.

Ela contemplou longa e persistentemente o ardoroso sertanejo, como a penetrar-lhe os labirintos da alma, os recônditos sombrios de seu coração, os arcanos misteriosos de sua consciência.

Fitava-o sem pestanejar.

De seus olhos parecia desprender-se um fluido desconhecido, cuja finalidade era buscar os pensamentos indecifráveis de Martinho.

O ser humano, dotado de assombrosas potências anímicas, produziria, pelo pensamento, verdadeiros prodígios se soubesse disciplinar e educar sua vontade.

Que é a telepatia senão a ação poderosa do Espírito sobre a vontade?

Marta, inconscientemente, pusera-se em comunicação com o apaixonado sertanejo, e este, sentindo-se contrafeito, procurou em redor de si alguma coisa. É que estava recebendo uma mensagem estranha. A influência do pensamento de Marta exercia-se sobre Martinho de maneira eficiente.

Se as ondas hertzianas, o ar enfim, conduzem a grandes distâncias mensagens muitas vezes extensas, por que esse mesmo ar não pode conduzir o pensamento, que é, em alguma coisa, semelhante ao fluido elétrico?

O campo das indagações psíquicas é vasto, amplo, assombroso.

Quando a ciência oficial devassar os domínios do psiquismo, admirar-se-á de não haver, há mais tempo, explorado esse filão inesgotável.

Então, muitos casos, hoje atirados para o terreno do maravilhoso, terão solução mais exata, rigorosamente científica.

A Medicina, por exemplo, é a ciência que mais lucrará com essas indagações, pois o seu patrimônio aumentará consideravelmente em consequência do estudo da alma nas suas múltiplas e interessantes ligações com o corpo físico.

Martinho voltou-se e seus olhos encontraram-se com os de Marta, que o fitavam insistentemente.

A sertaneja sorria...

Martinho levantou-se de um salto e, rápido, achou-se ao lado dela.

Tinha tomado uma resolução inabalável.

— Tatinha — disse de repente o jovem, com os lábios trêmulos e o coração a pulsar desordenadamente —, consentes em ser minha esposa?

A pergunta foi tão abrupta, inesperada, imprevista, que Marta não soube o que responder. Os lábios não se moveram, mas seus grandes olhos impacientes revelaram o assombro que a pergunta lhe causara. Seria possível que Martinho, a par de sua culpa, a quisesse desposar? Que sentimento o impulsionava? Piedade? Amor?

Compaixão? Não o sabia, mas uma vaga intuição lhe dizia que ele, para salvá-la da desonra, num gesto de abnegação e renúncia verdadeiramente evangélicas, propunha-lhe o recurso do casamento. Mas isso não seria para ela uma desgraça maior? Quem diria que ela, ao ver novamente Fábio, não teria desejos ocultos, pensamentos de adultério, visto que as primeiras afeições raramente morrem? E depois, era lícito a uma mulher aceitar tamanho sacrifício de um homem a quem prezava pela bondade de seu coração e beleza de caráter? Não, não e não! Três vezes não!

— Apesar de tudo, Tatinha — prosseguiu o cearense —, eu serei feliz contigo. A esponja do esquecimento apagará do quadro-negro de tua vida essa falta que eu de antemão já perdoei. Ao demais, quero salvar-te, quero redimir-te com o Jordão purificador de meu amor imortal. Que me resta da vida, que me reserva o futuro sem o teu amor? Saara imenso sem oásis, de alucinadoras miragens, será a minha triste existência planetária sem o consolo bendito de teu afeto. Quero-te agora mais que nunca, porque és infeliz, porque te sentes só e abandonada. Verás que a nossa vida transcorrerá venturosa e boa, aqui, neste recanto humilde onde nasceste. Direi a teu pai que fui eu, o homem que ele um dia recolheu ao santuário de seu lar, o autor de tua infelicidade, e que agora só uma solução resta: o casamento.

— Nunca! Nunca! — bradou Marta no auge de sua dor. — Triste ideia formas de meu caráter, Martinho! Jamais consentiria que a cólera de meu pai pesasse sobre a cabeça de um inocente. E, além disso, eu não pretendo aceitar a tua piedade...

— Cala-te, Tatinha! — bradou Martinho no apogeu de sua paixão. — Cala-te! Eu não quero que digas isso, ouviste? Eu te amo acima de tudo e sobre tudo. Não é a compaixão o sentimento que me anima neste momento; é o amor no que ele tem de mais sagrado e sublime, de santo e puro! Sabes que é o amor? Nunca sentiste a deliciosa tortura do amor? O amor é essa loucura divina que me faz calcar aos pés os sentimentos da dignidade humana para redimir teu Espírito, purificar teu coração, aformosear tua consciência e restituir a calma e a tranquilidade à tua alma lategada pelo infortúnio! Nunca sentiste o coração chorar no berço do órfão, no catre do moribundo, no cárcere do criminoso, no túmulo de uma mãe, na choça do desgraçado, na trapeira do faminto, na mão que se estende mirrada e seca à caridade das ruas, nas chagas de outro coração alanceado pela desventura? Nunca sentiste a alma soluçar sobre o corpo hirto de um amigo, sobre um lar desfeito, sobre o leito dos hospitais? Nunca sentiste, em face de uma dor superlativa, confranger-se teu coração? Nunca atentaste bem nas misérias que vão pelo seio da humanidade? Nunca experimentaste o prazer maldito de secar uma lágrima? Nunca? Pois aí tens o amor na sua acepção mais profunda! Conheces a ventura que a todos nos inunda o coração quando os nossos olhos se cruzam com os da criatura a quem amamos? Tens aí uma das modalidades do amor! Tu que já choraste, que já bebeste o cálice de amargas provações, não tens, num rápido momento, em horas fugitivas de alegrias, a doce sensação de que isso é uma manifestação do amor? Pois bem: aceita o meu amor, porque ele resume tudo quanto de belo possa existir no coração humano! Repito-te: quero salvar-te na exaltação de meu amor! Não penses no que me dirá teu pai. Tudo sofrerei para ver-te feliz e iluminar a escuridão da minha vida com os raios fulgurantes de teu afeto... Consentes?

    Marta não respondeu. Limitou-se a olhar para a longa estrada deserta, em cujas areias a luz solar tinha reflexos deslumbradores.

    Ah! se Fábio viesse naquele instante consolar-lhe o coração rudemente ferido... Impossível... Esquecera-a, e dessa grande, incomparável afeição, que lhe restava? A desoladora e pungente certeza de seu esquecimento.

    E Martinho, embaixo, sob a janela, com o olhar súplice, aguardava a resposta de Marta.

    Que esperava ela?

    Em que pensava, pois tudo não se ia resolver à medida de seus desejos?

    Deveria rejeitar a proposta do sertanejo?

    Agora tinha ela a certeza absoluta de que não era um sentimento menos digno que levara Martinho a propor-lhe aquela solução.

Marta

Mais cedo do que supunha, ele subia no seu conceito, aureolado pela irradiação simpática de seu gesto largo de abnegação e sacrifício.

Que nobreza de alma, que grandeza de coração!

Jamais julgara que no mundo existissem Espíritos daquele quilate.

Se lhe recusasse o oferecimento, o amor, por mal compreendida visão das coisas, que lhe restaria? Sofrer as consequências tremendas de um crime sem perdão. Mas o que a deixava deveras apreensiva era essa resolução de Martinho, de querer confessar ao velho Carlos que fora ele o sedutor. Isso não podia ser! Não devia ela consentir em semelhante injustiça!

— Responde, Tatinha, tem pena de mim! Tudo suportarei para alcançar o teu amor. Fala, dize que sim e agora mesmo vou falar ao teu pai e meu protetor. Sei que escrúpulos muito naturais impedem que pronuncies o teu consentimento, mas vê bem: o tempo corre e urge que demos uma solução satisfatória ao teu caso, que agora é meu também. Fala, é preciso que fales, pois Fábio não volta mais, a não ser para zombar de teu sofrimento. Não julgues que o deprima em favor de minha causa, não; isso não é de meu feitio moral, nem se coaduna com o meu temperamento. Já o sabia libertino e mau e, agora, tenho a prova robusta da baixeza de seu caráter.

Marta pensava ainda.

A evocação do nome daquele que fora a sua primeira ilusão, a sua primeira esperança de mulher, perturbava-lhe o espírito, abalava-lhe o coração, sentia um misto de dor e alegria ao ouvir alguém falar desse homem que a fizera provar o elixir a um tempo delicioso e amargo do prazer e do sofrimento.

No entanto, ela se sentia atraída agora para essa nova afeição que irrompia sincera e redentora de um coração para ela sempre indiferente.

Devia aceitar o sacrifício de Martinho?

Dolorosa interrogação que se perdia dentro dela, sem encontrar eco de natureza alguma.

— Faze o que quiseres — sentenciou por fim a filha do velho Carlos.

Fernando do Ó

Martinho fitou-a longamente como se não houvera compreendido bem o que Marta acabava de dizer-lhe.

Seria verdade ou mistificação de seus sentidos?

Possuiria mesmo aquela mulher com quem sonhava desde os primeiros gritos de sua mocidade?

Estaria sonhando? Marta lhe dissera mesmo que sim?

Realizar-se-ia o sonho torturante de sua alma?

Súbito, surge-lhe, no espírito, a desconfiança terrível de que o pai da desventurada moça não consentiria nessa união!

Martinho não queria fazer alusão à falta de Marta, embora mais tarde a pudessem descobrir, mas, dado o caso de uma oposição formal, ver-se-ia na dolorosa emergência de suportar, por um ente desumano e cruel, a cólera de um pai atingido em sua honra!

Agora, ele via as coisas mais claras.

Que tremenda responsabilidade ia ele assumir para, a um tempo, redimir uma culpada e alcançar a realização integral de seu amor!

Mas a afeição de Marta o compensaria de tantos dissabores e amarguras.

Falaria ao homem que um dia o recolhera em seu lar. Em virtude de sua confissão, não passaria, aos olhos desse velho honrado, de um ingrato, de um vil sedutor que pagava com semelhante ato o que por ele haviam feito.

Teria coragem para tanto?

E por que não?

Que esperava, pois?

— Bem vês, Martinho — disse Marta em tom de extrema amargura, surpreendendo, por assim dizer, os secretos pensamentos de seu interlocutor —, que a tarefa é mais penosa e exige mais desprendimento de alma do que à primeira vista supunhas. Não te quero constranger com as minhas palavras. Apenas te sou sincera quando afirmo que a missão é bem mais árdua do que julgavas.

— Quê? Acaso julgas que vacilo, que me falta ânimo para realizar os meus sonhos mais ardentes? Não imaginas ainda, querida,

Marta

do que é capaz um homem que ama apaixonadamente! Bem se vê que não conheces os homens! Até logo! Deus será conosco.

E saiu em demanda da sala de jantar, onde, àquela hora, se encontrava sempre entregue à leitura dos jornais da capital o velho Carlos, pai de Marta.

— Que Deus o ampare na sua obra de redenção — murmurou a jovem sertaneja, como se concluísse uma prece fervorosa e ardente.

E ficou atenta ao menor ruído, a fim de inteirar-se do que ia passar-se entre Martinho e seu pai.

E a sua mãe, coitada, como não sofreria com aquele golpe rude, terrível mesmo, que ela, por braço alheio, ia desferir-lhe?!

— Meu Deus, tende compaixão de mim! — gemia a desgraçada.

Súbito, reboou no recinto estreito de seu aposento uma gargalhada satânica, infernal, diabólica!

Maldita obsessão!

Sempre aquele gargalhar horrendo nas horas dolorosas de sua vida. Mas onde se ocultava o monstro cuja garganta possante vomitava essa estentórica gargalhada que a aterrorizava medonhamente?

Em que áditos infernais se açoitava esse demônio que zombava assim de seu infortúnio?

Ainda não saíra do pavor em que a lançara essa manifestação demoníaca quando ouviu forte altercação na sala de jantar, mesclada de gemidos e lamentações.

Quis atirar-se para o interior da casa, mas grande receio a conteve no meio do quarto.

Sentia que sua mãe chorava e seu pai insultava Martinho, maldizendo a hora em que se lembrara de praticar uma obra de misericórdia. Mas não tinha ânimo de sair dali. Pelo contrário, ocultou-se, tomada de súbito pavor, atrás de um guarda-roupa de nogueira que ficava a um canto da alcova.

Levando as mãos ao coração, como para conter-lhe as pulsações desordenadas, Marta ficou assim, imóvel, olhar esbugalhado, a sentir uma angústia infinita a torturar-lhe a alma.

Fernando do Ó

Nunca sofrera tanto quanto naquele instante.

Reconstituiu mentalmente a cena: na frente de Martinho, que se conservava cabisbaixo e humilde, o velho pai com os punhos cerrados, a gesticular como um epiléptico, amaldiçoava o sertanejo, desconhecia Marta como filha e opunha-se àquela união grotesca e desigual.

A um canto, desmaiada, sua mãe, em cujo semblante muito pálido se vislumbravam os traços que o anjo da morte ali deixara impresso.

No limiar da porta que ia ter à cozinha, Josefa, apalermada e triste, contemplava o quadro.

Pelas janelas abertas faiscavam, de vez em quando, olhares indiscretos de trabalhadores curiosos.

E Marta, contemplando pelo pensamento ou com os olhos da alma essa cena de alta dramaticidade, sentia-se incapaz de um gesto, de aventurar um passo, de premeditar uma desculpa.

Estava na atitude flagrante do criminoso confesso.

Cessaram, por fim, as vozes e um silêncio tumular sucedeu, como sói acontecer em situações idênticas, ao barulho ensurdecedor de discussão acalorada.

Quem, naquele momento, do limiar da porta que ia ter ao corredor, contemplasse o quadro que se antolhava não podia deixar de sentir o coração acicatado pela dor, torturado pelo sofrimento daquelas três criaturas.

Maria parecia ter envelhecido mais dentro daqueles minutos. Sentada agora em uma cadeira de balanço, com as mãos cruzadas sobre o peito, olhar perdido no vácuo como a cismar sobre o seu grande infortúnio, era a Máter Dolorosa daquele quadro deveras comovedor.

Carlos encanecera momentaneamente. O golpe moral fora tão violento que ele mesmo não sabia avaliar. Sentara-se na *chaise longue* e tapava o rosto com as mãos. Os seus cabelos tinham, agora, flocos de neve pelo meio.

Dava pena observá-lo naquela posição, curtindo a grande dor que lhe despedaçava o coração.

Marta

À sua frente, de pé como um réu que esperasse o veredicto do tribunal, cheio de enternecedora humildade, aniquilado mesmo, Martinho era, talvez, quem mais sofria naquele instante.

Passava por uma extraordinária provação aquele desgraçado, a quem o amor obrigara a destruir, com a revelação do mau passo de Marta, a felicidade de um lar outrora venturoso e honrado.

E o que mais o acabrunhava era a lembrança da hospitalidade que aquele homem — prostrado agora pela dor — lhe dera no momento mais angustioso de sua vida.

E era assim que ele solvia essa dívida sagrada de gratidão e reconhecimento! Se a sua consciência, por um lado, estava serena, não era menos verdade que, por outro, se achava agitada e inquieta, perturbada e tremente.

Marta corresponder-lhe-ia mais tarde a esse gesto de abnegação e sacrifício? Amá-lo-ia um dia, quando, tranquila, lhe examinasse a frio o caráter, a conduta, os sentimentos?

Indenizá-lo-ia desses instantes de amaríssima agonia, com os tesouros inexauríveis de seu coração de mulher?

Era possível que sim.

E quem ousaria duvidar?

Se o seu destino era sofrer do berço à tumba, que se cumprisse, portanto, a poderosa vontade de Deus.

Mesmo que, mais tarde, não viesse encontrar em Marta a mulher que sonhara — carinhosa, dedicada e honesta —, saberia sofrer mais essa rude decepção de sua sorte amargurada. Mas resistiria, porventura, a mais esse golpe? Não excederia tal revés as possibilidades de suas energias mentais?

O tempo se encarregaria de o dizer.

Vendo que ninguém o mandava sair daquela casa, Martinho, como um criminoso que se aproveita da negligência de seus guardas, de mansinho foi-se retirando até atingir o pátio. Aí respirou mais à vontade.

Tinha cumprido sua palavra.

Esperava que os donos da casa decidissem seu destino.

Fernando do Ó

Que se cumprissem mais uma vez, para esse triste enteado da sorte, as leis do Eterno.

* * *

Caminhou quase que toda a tarde pelo pomar e pela lavoura a fiscalizar o serviço dos obscuros trabalhadores da propriedade de seu protetor. Mas a sua fiscalização era mais um vagamundear pela quinta do que mesmo um serviço. Tinha necessidade de estar só para entregar-se melhor aos seus pensamentos.

Que estaria a pensar de si aquele casal que o tratara sempre com a máxima benevolência?

E Marta?

Certamente, àquela hora, já havia sentido o peso da cólera do pai, de ordinário, pacato e tolerante. Efetivamente, a filha do sertanejo, chamada à presença de seus pais, confessara tudo, não omitindo mesmo o ato que praticara com Fábio, exaltando assim o caráter adamantino de Martinho, a nobreza sublime de seu coração, a grandeza sem par de sua alma.

Naquele momento, a cólera que irrompera do Espírito sempre calmo de Carlos se transformara completamente em simpática indulgência, em frisante piedade, em face daqueles dois entes que disputavam, por sentimento que só os dignificava, a autoria de uma falta grave!

E o velho chorou.

Maria abraçara-se à filha, entre lágrimas, docemente, exortando-a a venerar aquele homem que, inocente e honrado, não trepidara em sacrificar sua posição naquela casa, por muito amá-la.

Belo coração!

— Esse, filha, te ama sinceramente. Por uma vida toda de renúncia e de sacrifícios, fértil em carinhos para com o homem que pretende redimir-te, resgata, minha pobre filha, tua falta. Ama-o sempre com as energias de teu coração juvenil, porque o amor é a lâmpada maravilhosa que ilumina a consciência, é o elixir da eterna beleza, é o filtro do esquecimento de nós mesmos e que cria ao mesmo tempo, em nossas almas, sentimentos de mais justiça e equidade para a grande família humana. Ama-o para sempre, filha de minha alma! Cicatriza logo essa ferida que abriste com o bálsamo salutar de teu afeto.

"Marta, a vida só a sente quem ama, porque o amor é tão forte e tão sagrado que nos faz parecer curta a existência para se enxugarem as lágrimas de todos que choram ao redor de nós. Chamar-nos-ão de sonhadores, os egoístas; porém, que vale mais: passar a vida sonhando com a felicidade, que são a paz e a confraternização humanas, não nos deixando tempo para pensar nas misérias sociais; ou passar a vida torturados pelos problemas de ordem transitória que nos assaltam a cada passo o espírito? Concorda comigo, minha filha, que é melhor sonhar. Sonhando, esquecer-nos-emos das nossas próprias dores."

Finda que foi a conferência, Marta retirou-se para os seus aposentos com a consciência um pouco mais aliviada.

Brilhava-lhe na alma um raio de esperança. Parecia-lhe mesmo que as cotovias luminosas das ilusões perdidas volviam agora, festivas e vibrantes, a pipilar no seu coração deserto.

Debruçada no peitoril da janela de seu quarto, olhando aquela mesma estrada por onde dias antes esperava surgir a figura quase esquecida, porém eternamente simpática de Fábio, não experimentava a mesma sensação de vacuidade em seu derredor.

Estava mais alegre, sentia-se quase feliz.

Teriam terminado as suas provações? Só Deus o sabia.

***

Martinho voltava agora do trabalho, ou melhor, de sua excursão pela vasta propriedade do bondoso sertanejo.

No seu rosto tostado pela "adustão bravia dos sóis do equador", não se descobria o mínimo vestígio de que sofresse.

Tinha o aspecto de um justo.

Marta, vendo-o, acenou-lhe com a mãozinha delicada. Ele se apressou em atender a tão esperado chamamento.

— Tudo está combinado, Martinho — disse a filha do velho Carlos. — O nosso casamento se realizará dentro de poucos dias com a maior discrição possível. Não haverá convites especiais.

O jovem não soube o que responder, tal a sua perplexidade.

Imaginava deixar aquela casa dentro de poucos dias, em virtude da atitude francamente hostil de Carlos, aliás, perfeitamente justificável, e agora era a própria Marta quem lhe vinha dizer que o seu casamento se realizaria dentro de poucos dias.

Que brusca metamorfose se operara no caráter do pai de sua amada?

Que acontecimento inesperado mudara o aspecto da questão?

Saberia o sertanejo a verdade completa?

Era o mais provável, senão ele não o consentiria mais um só instante em sua granja.

— Mas que foi que aconteceu, Tatinha? — indagou ele, ainda visivelmente comovido.

— Contei-lhe toda a verdade. Não achas que fiz bem, que cumpri o meu dever? — redarguiu.

Martinho permaneceu silencioso.

Pensava... Em quê?

Caráter verdadeiramente impressionável, não era senhor de resolver tão relevante questão num momento de emoção mais ou menos violenta.

Refletia com os olhos fitos no chão sobre o que acabava de ouvir da própria boca de Marta.

Seus grandes olhos impacientes se cravaram no homem que tinha a seus pés, mudo, silencioso e grave. E tal era a persistência desse olhar, que Martinho ergueu a cabeça.

Vendo-a sorridente, a fitá-lo com ar provocador e quase insolente, não se conteve e, de um salto verdadeiramente tigrino, espicaçado pelo instinto, achou-se ao lado dela, dentro do quarto, ofegante, olhar esbraseado e cintilante, lábios trêmulos, numa vibração de desejos apaixonados.

Marta não tinha saído de seu espanto lógico e natural e já o sertanejo a cingia pela cintura com seus braços franzinos, mas de uma resistência de aço, e os seus lábios sequiosos, trêmulos, delgados, procuravam a boca vermelha de seu ídolo.

A jovem nenhuma resistência opôs ao desejo daquele que vinha, assim, ao seu encontro, na volúpia estonteante de um sincero e ardente amor; ao contrário, num abandono completo, revelou para logo o seu temperamento fogoso e sensual.

Quando Martinho deixou a alcova de Marta, as primeiras sombras do crepúsculo desciam sobre o sertão.

Os vaqueiros tangiam a boiada pachorrenta e tarda para os currais, cantando tristes cantigas aprendidas nos desafios à viola.

As ovelhinhas, em um só rebanho, caminhavam também para as eiras escancaradas.

A serra da Borborema azulava distante qual sentinela gigantesca em perene vigilância.

3

Martinho sentara-se à sombra de frondoso cajueiro e pensava nos momentos de indizível felicidade por que acabava de passar ao lado daquela mulher de beleza estonteante e deslumbradora que ele amava com loucura, com frenesi.

Como fora feliz, como se sentia agora compensado de todo o sofrimento que vinha suportando desde a meninice!

Os carinhos da mulher amada bem valem os dissabores de toda uma vida de provações.

Mas, ao mesmo tempo em que se sentia feliz e quase orgulhoso de sua condição de homem amado, amarga recordação punha laivos de profunda tristeza no seu coração: é que Marta já pertencera a outro homem, que mais feliz do que ele recebera as suas primeiras carícias e os seus primeiros beijos. Que tortura!

E quem diria que ela, ao estreitá-lo, a ele Martinho, não o fazia com o pensamento...

Estaria louco? Seria possível? Não! Isso era indignidade em que ele jamais deveria pensar.

Passando a mão pela fronte, num gesto de quem afugenta tristes, pungentes e dolorosos pensares, endireitou o busto e começou a provocar outra ordem de ideias.

Marta

Julgava-se casado já, ao lado de sua adorada Tatinha, iniciando-a nos mistérios profundos do neoespiritualismo que vinha empolgando a consciência humana, destruindo dogmas ferrenhos, rasgando novos horizontes à humanidade, desvendando os mistérios do destino dos seres e das coisas.

Iniciá-la-ia nessa doutrina de paz e de perdão, de caridade e tolerância, de consolações eternas, desbaratando-lhe, destarte, as arestas morais do espírito, preparando-a para o sublime sacerdócio de mãe.

Ah! os filhos, os rebentos de seu amor, como não os adoraria no santuário de seu lar, no tabernáculo de seu coração!

É que os filhos são verdadeiros hifens luminosos que ligam duas almas pela eternidade afora.

E quando seu Espírito se obscurecesse à amarga recordação dos dias infelizes, eles, os filhos benditos de sua alma, iam, na carícia sempre doce dos seus beijos puros, derramar no seu espírito turbado o néctar das alegrias imortais, o bálsamo suave da paz e do amor.

E ele seria um pai extremoso e abnegado. Saberia cumprir essa missão que a Providência certamente lhe cometeria como meio eficiente e poderoso de redenção.

Sim, porque ele acreditava na reencarnação, na lei das vidas múltiplas. O homem, ou melhor, a alma tem tantas existências planetárias quantas forem precisas para seu aperfeiçoamento moral. E só assim, mediante essa lei que revela a equidade divina, a Justiça indefectível de Deus, ele compreenderia as desigualdades sociais, as diferenciações flagrantes que se apanham no seio da humanidade.

Por que uns ricos e outros pobres, uns ilustrados e outros ignorantes, uns pretos e outros brancos, uns sãos e outros deformados, uns felizes e outros infelizes?

Dirão que essa desigualdade é necessária ao equilíbrio da vida coletiva, mas o sertanejo não aceitava essa solução ambígua, pois, segundo a filosofia espírita, de que era fervoroso prosélito, a Terra é, dos mundos habitados, um dos mais atrasados e, consequentemente, essas diferenças que se notam na vida humana são provações e expiações impostas a seus habitantes que, em existências anteriores, foram maus, perversos e viciosos.

E ele, Martinho, fora, talvez, um desses maus; por isso sofria nesta vida as consequências do mal que teria praticado.

Agora a Justiça eterna o colocara no meio do caminho daquela mulher para desempenhar a nobre missão de redimi-la mediante exemplos edificantes de abnegação, renúncia e sacrifício. E ele saberia cumprir o seu dever.

Com certeza, em vidas transatas que se perderam no abismo hiante do tempo, no turbilhão dos séculos mortos, ele fizera muito mal a essa mulher que, cedo, nesta existência, começava a martirizá-lo. Certamente, Fábio reproduzia, agora, o que ele, Martinho, cometera com Marta em outros avatares.

Era o cumprimento integral da máxima: quem com ferro fere, com ele será ferido.

Estava, pois, desvendado o segredo de sua dor, de sua desdita, de seu infortúnio.

O que ele, entretanto, não podia penetrar era o seu futuro ao lado de Marta, mas uma reminiscência o advertia de que não seria tão feliz como julgava.

Estaria sendo vítima de alguma sugestão perversa? Estaria sob o domínio de alguma entidade invisível que o tiranizava dessa forma?

Não o sabia bem.

O tempo encarregar-se-ia de demonstrar.

Gozasse, pois, as horas felizes do momento e acabasse de vez com o alimentar apreensões ridículas, pois que, se o futuro não lhe fosse propício, por que desde logo atormentar-se? Não seria amargurar os únicos dias venturosos da sua vida?

Levantou-se.

A noite tinha caído completamente e não tardaria a surgir a Lua, serena e majestosa, com a sua luz macia e prateada, por sobre a cabeleira farta das florestas.

À hora do jantar, o velho Carlos, depois de pedir desculpas a Martinho pelo que lhe havia dito, e exaltar, sem exagero, a sua nobreza de sentimentos, tratou, talvez com alguma amargura que se tornara, como era natural, comunicativa, do casamento que deveria realizar-se dentro de poucos dias.

Seria um ato simples, íntimo, sem festas, sem ruídos. Apenas convidaria seu amigo Pacífico e família para assistirem ao ato.

O juiz, que morava distante pouco mais de uma légua, seria avisado o quanto antes, encarregando-se uma pessoa idônea para dar todos os passos necessários, de maneira que dentro de duas semanas, no máximo, se realizaria o consórcio.

Encarregara-se da missão o velho Máximo, antigo trabalhador da quinta, que para logo começou a desempenhar-se de sua tarefa.

Os dias iam-se passando e, à medida que se aproximava a data previamente combinada, Martinho experimentava alguma coisa que nunca sentira. Tinha horas de verdadeira alegria, mescladas sempre de uns longes de angústia. Parecia que vago pressentimento de desgraça lhe fervilhava na alma. Nada, absolutamente nada o autorizava a alimentar semelhante intuição; entretanto, vivia quase que em contínuos sobressaltos.

Que influência maléfica e estranha era essa?

Donde lhe provinham semelhantes pensamentos?

Seria a revelação de uma parte de seu futuro?

Não sabia responder a essa série de indagações.

Marta, por sua vez, também sentia vaga inquietação pelo seu destino, sem conhecer a causa, a verdadeira origem.

Quem, na treva, por sobre aqueles dois entes, tramava fantásticos acontecimentos, preparava desgraças inauditas, forjava tempestades que estavam, a bem dizer, na iminência de se desencadear?

Mistério para a ciência dos homens...

4

Chegara, afinal, o dia tão ansiosamente esperado por esses dois entes que o destino ia unir pelos laços matrimoniais.

Nenhuma mudança se verificara nos trabalhos da quinta. Os vaqueiros continuavam na lida. Os empregados, nos diversos departamentos da quinta, preocupavam-se com seus misteres cotidianos.

No interior da casa, porém, havia ligeira transformação. A sala, de ordinário fechada e despida de qualquer decoração, achava-se com as janelas abertas de par em par; cortinas, caprichosamente bordadas, guarneciam as aberturas. No refeitório também haviam introduzido algumas alterações: vasos grandes, cheios de lírios e de rosas, enfeitavam a mesa grande em cuja toalha alvíssima de linho os raios do Sol faiscavam com reflexos deslumbradores.

Após o casamento, que se efetuaria à tardinha, seria oferecido um jantar íntimo aos poucos convidados para o ato.

Martinho estava alegre, de uma alegria discreta, mas comunicativa.

Marta exultava.

Os pais da noiva, apesar de uma alegria mais convencional que verdadeira, tinham rictos dolorosos nas faces encovadas.

Marta

Riam, quando o coração tinha ímpetos de chorar... As convenções sociais... Um sentimento de dignidade ofendida.

Às quatro horas, chegou o juiz acompanhado do respectivo escrivão. Na sala já se achavam a família do velho Pacífico e um casal de bons sertanejos que Martinho convidara para testemunhar o ato.

Quando a noiva deu entrada na sala, os presentes não se contiveram e, à uma, deixaram escapar uma interjeição, exprimindo, nesse monossílabo, o efeito que lhes causava a beleza peregrina de Marta.

Efetivamente, a noiva estava verdadeiramente bela!

Parecia que todos os seus encantos de mulher bonita, ocultos nas dobras insondáveis da alma, apareciam naquele dia, irradiando graça, mocidade e beleza, para torná-la admirada e desejada no esplendor estonteante de sua formosura.

Um vestido de seda branca, um véu que lhe caía ao longo do corpo, uma grinalda cuja alvura mais destacava o negro sedutor dos seus grandes olhos impacientes, uns pezinhos minúsculos agasalhados avaramente por uns sapatinhos de cetim branco, emprestavam feiticeira graça àquela mulher que, segundo a opinião muda dos presentes, era uma princesa de contos árabes que se deixara ficar num pedaço do sertão brasileiro.

Martinho, modestamente trajado de preto, tinha o aspecto grave de um homem que compreendia a tremenda responsabilidade do passo que dava, contrastando flagrante tormento com o aspecto geral de sua noiva.

Os seus olhos não podiam retirar-se do semblante belíssimo de sua eleita.

Marta sorria... E esse sorriso tinha, se é possível a expressão, coloridos diversos.

Era um poema de amor, loucura, bondade, ironia, dor, desespero, alegria, paixões múltiplas, e tinha, concomitantemente, alguma coisa de sublime, divino e diabólico.

Marta parecia sonhar... Efetivamente, podia-se dizer que sonhava, pois o seu aspecto era o de um ente cujos pensamentos se achavam distantes.

Em que pensava essa mulher?
Na grandeza moral daquele ato?
Naquele que escolhera para companheiro pela vida inteira?
No amor de Martinho?
Nas horas amargas de suas provações?
Na dor que provocara no coração daquele casal de velhos que a amava com verdadeira adoração?

Ninguém o soube nunca. Entretanto, os seus pensamentos não estavam como que adstritos àquela solenidade. Bem podia ser que pensasse em outro homem.

Mas seria possível que Marta ainda amasse Fábio?

E por que não?

Os corações femininos são abismos insondáveis.

O homem, quando ama ou sofre, não pode guardar, com essa avareza peculiar à mulher, o segredo do seu amor ou os mistérios de seu sofrimento.

A mulher, nesse particular, é mais reservada, enigmática, impenetrável mesmo. Daí o dizer-se que a mulher é uma esfinge.

Quem sabe...

O que não admitia ou padecia dúvida é que Marta ainda se lembrava, com saudade, dos beijos ardentes de Fábio. Ele fora, até então, para ela, a única razão de ser de sua vida e, por isso mesmo, ainda o não esquecera. Tinha mesmo medo de encontrar-se um dia com ele, receosa de que viesse a trair-se a si mesma.

Entretanto, era preciso que em Marta se perpetuasse esse privilégio das mulheres — sentir sem sentir.

* * *

Chegara, enfim, o momento solene. O juiz leu alguns artigos do Código. Preenchidas as formalidades, a autoridade fez as perguntas da lei.

Os noivos responderam com firmeza e, após mais algumas formalidades indispensáveis ao ato, momentos depois estavam casados.

Marta

Depois das saudações do estilo, encaminharam-se todos para o refeitório: mesa ornamentada e bem disposta anunciava o jantar. Sentaram-se todos e deu-se, sem mais delonga, começo à refeição.

Reinava silêncio.

À sobremesa, o juiz fez ligeira saudação aos nubentes, augurando-lhes muitas venturas.

Martinho, em quatro palavras, agradeceu os votos de felicidades que lhe dirigira aquela autoridade.

Terminado o jantar, os presentes se mantiveram em amistosa palestra.

Marta executou ao piano trechos de música clássica.

Martinho conservava-se a um canto, silencioso e grave.

À noite, retiraram-se os convivas, e os noivos se recolheram aos seus aposentos. Ambos iam felizes.

E por que não ser assim?

Nesses momentos de indizível prazer, não se encara a vida pelo prisma com que a vemos algum tempo depois. Pensa-se na felicidade, no amor, no lado bom desta vida tão curta e tão pródiga em imprevistos dolorosos e pungentes.

5

Os tempos corriam felizes para os nubentes, pois nessa quadra risonha da vida as almas sonham e esses mesmos sonhos são tranquilos e venturosos, serenos e reconfortantes.

O lado triste da existência como que se obumbra aos fulgores efêmeros, fugazes de uma felicidade que embalde tentamos prolongar, reter por todo o sempre.

Triste de nós se não tivéssemos, em nossa trajetória pela Terra, dias que resgatassem os anos de amargas decepções, incertezas e apreensões, em que a nossa existência é tão fértil e abundante.

Martinho experimentava, todavia, momentos de acerbas desconfianças. Uma intuição contínua de desastres futuros lhe atormentava a alma e o coração.

Que surpresas desagradáveis lhe reservava o porvir?

Acaso não sofrera bastante para fazer jus a melhores dias?

Por que esse pressentimento angustioso?

Mistério que inutilmente tentava penetrar.

Chegara dezembro, o mês simpático do Natal de Jesus.

Projetavam-se folguedos para o dia 25.

A quinta mudava de aspecto. Todos se preparavam para comemorar a data natalícia do rabino da Galileia.

Marta

E na radiosa manhã desse dia, quando ainda se achava carregada de brinquedos a arvorezinha de Natal, nascia o filho de Marta, como uma promessa de redenção.

Logo que a parteira colocou ao seu lado o lindo bebê, afogado em rendas e fitas, Marta, com indizível angústia, tratou logo de estudar-lhe os traços, a fim de verificar se havia, na sua doce fisionomia de inocente, algo que lembrasse aquele homem ingrato e pérfido que a fizera, no entanto, fruir agora do inefável prazer da maternidade.

Era o retrato fidelíssimo de Fábio.

Marta estremecera.

E por quê?

Que sentimentos tumultuavam seu espírito?

Alegria ou tristeza?

Remorso?

Só ela o sabia.

Depois de desviar seus olhos da criança que parecia adormecida, ela ficou a fitar o teto, sem expressão alguma no olhar, mergulhada em pensamentos difíceis de serem perscrutados.

Martinho entrou nesse momento na alcova, trazendo dois elegantes pacotinhos que depôs um ao lado de Marta e outro ao lado do bebê. Seus olhos cravaram-se logo no semblante da criança, como a procurar no seu rostinho rosado algum traço que lhe fizesse crer ser pai daquela tenra criaturinha.

Do exame minucioso, parece, não resultou nenhuma conclusão que o satisfizesse, pois que, depois de dirigir à sua querida Tatinha algumas palavras repassadas de amor, mas com vestígios quase que imperceptíveis de amarga decepção, rolaram-lhe pelas faces, emurchecidas pelo sofrimento, duas grossas lágrimas, que eram bem um poema de dor e de infinita tristeza.

Nenhum músculo da face se lhe contraíra, mas o pesar era tão grande, a sua desventura tão imensa, que ficou imóvel, hirto, espectral, no meio do quarto, com os olhos ligeiramente umedecidos e perplexamente fixos na fisionomia risonha e simpática daquele entezinho que viera ao mundo para despedaçar um coração. Não era seu filho, a natureza lho dizia na significação insofismável de seus traços.

Era o castigo do pecado.

E era também o prêmio de seu alto espírito de sacrifício, de abnegação e renúncia.

Mas por quê?

E quando assim interrogava a consciência, lembrou-se de que não tinha razão, em face dos conhecimentos hauridos nas obras espiritualistas sobre a doutrina das vidas múltiplas ou das reencarnações.

Não podia ser isso uma expiação?

Quem sabe se, em outra vida, não teria Tatinha prevaricado com ele e causado a Fábio a mesma dor que o feria agora tão profundamente?

Não era essa a lei de causa e efeito que tanto admirava?

Se acreditava na reencarnação, por que desconhecer ou negar a Justiça infalível do Criador?

— Meu Deus... — pôde o desgraçado murmurar. — Passas bem, Tatinha?

— Bem, por enquanto.

— Toma cuidado, nenhum esforço, nenhuma imprudência — aconselhou o infeliz, tentando iluminar o semblante com um sorriso que a esposa percebera ser forçado.

E para que seu sofrimento ou provação não fosse incompleto, num gesto que mais tinha de divino que de humano, depôs na testa da esposa um longo beijo apaixonado e, em atitude que a dor divinizava, encostou sua face queimada pelos sóis da terra paraibana à face macia da criança, na doçura indizível de um carinho.

Marta chorava...

Mas por que, Deus do céu, no instante em que o homem superior, que se ligara a ela pelos elos sagrados do matrimônio, lhe oferecia uma lição sublime de evangélico esquecimento, ela pensava, talvez com saudade, em Fábio, cujos sentimentos nunca poderiam, nesta vida, atingir a altura a que chegara o coração generoso de Martinho?

Marta

Era uma louca, uma mulher sem alma nem consciência.

Devia morrer... Mas a morte lhe apagaria as manchas de seu Espírito trevoso?

Martinho retirou-se, lançando à criança um olhar tão cheio de doçura e meiguice que Marta jamais vira em seu marido.

A dor transfigurava-o!

Aquele choque tremendo que recebera no momento em que o seu orgulho de homem lhe ia proclamar a paternidade desviara-o das cogitações secundárias da vida.

Agora era mister viver para o cumprimento integral de sua dolorosa provação.

Fora, segundo a filosofia espiritualista, um grande criminoso em vidas anteriores, pois que, se assim não sucedera, teria que renegar sua fé, seu Deus e sua religião.

Era preciso, com o sorriso dos mártires a brincar na comissura dos lábios, cumprir a tarefa que alguém lhe distribuíra para ressarcir anteriores prevaricações.

Fosse como fosse, cumpria aceitar os fatos com coragem, porque nada acontece por acaso ou sem razão forte.

6

Fábio chegava, agora formado em Medicina pela Faculdade do Rio de Janeiro.

A notícia espalhara-se rapidamente e Marta, já restabelecida, foi uma das primeiras pessoas da vizinhança que souberam de seu regresso.

Não sabia explicar e nunca o soube por que se sentia a um tempo alegre e pesarosa.

O homem que a infelicitara, apesar de tudo, exercia influência mais ou menos poderosa em seu caráter, de ordinário, frouxo e incapaz de um gesto de desprendimento, de sacrifício, de abnegação.

Não podia, pois, ocultar certo embaraço quando alguém falava no jovem esculápio.

Às vezes, consigo mesma, assumia o grande compromisso de não pensar mais em Fábio, invocando, para isso, a imagem encantadora de seu filhinho e a figura circunspecta de Martinho. Mas quando pretendia pôr em execução seus projetos de mulher casada, que sabe até onde pode ir a admiração por um homem que não seja o seu marido, eis que pensamentos perversos se insinuavam em seu espírito, insensivelmente, sem que ela se apercebesse de tal.

Marta

E esses pensamentos, ela o pressentia, não lhe vinham de seu cérebro, não nasciam em sua alma, mas como de indesejáveis visitantes que lhe tomavam de assalto o coração.
Como se explicava tão estranho fenômeno?
Só mais tarde o soube. Muito tarde, porém.
Martinho, perspicaz, desconfiado como todo sertanejo, vinha observando a diferença que se operava na conduta da esposa.
Acaso teria ela, em seus passeios matinais pela quinta, provocado um encontro com o jovem doutor?
Seria possível?
Não, isso não passava de ciúmes que se não justificavam.
Estava louco com certeza, pois era lá possível que sua Tatinha, a eleita de seu coração, a mulher que ele, num gesto raro no turbilhão da vida moderna, redimira, esquecesse tão cedo os seus deveres de esposa, os mais elementares preceitos da honestidade?
Ela não praticaria jamais um ato que a colocasse em falsa posição!
Esforçava-se ele por convencer-se de que tudo aquilo era ciúme, desconfiança.
O tempo encarregar-se-ia de mostrar-lhe que espécie de mulher ele escolhera para companheira nas horas alegres de ventura e nos momentos incertos da vida.
Fábio não aparecera, como o faria antigamente, em casa do velho Carlos, com quem, muitas vezes, jogara o xadrez e o gamão.
Sabia que lhe era impossível qualquer aproximação, porque, se seus pais desconheciam o que entre ele e Marta se passara, tinha uma vaga intuição de que os genitores desta estavam a par de tudo, pois, do contrário, não se justificava aquele casamento feito à pressa, do dia para a noite.
E ela? Amá-lo-ia ainda? Teria conservado em seu coração a doce lembrança daquela noite?
Com certeza que sim, mas, indubitavelmente, não o recordaria com prazer, pois marcava uma época talvez dolorosa em sua vida.
Entretanto, ele precisava falar-lhe, era mister justificar-se perante essa mulher a quem mentira com a desfaçatez de um sedutor vulgar.

Mas que desculpa poderia apresentar, se coisa alguma o inibira de cumprir a sua palavra?

O que não padecia dúvida é que precisava reabilitar-se aos olhos de sua vítima.

E se desse encontro surgissem novas complicações que viessem amargurar a existência dos que a cercavam?

Marta, porém, não esqueceria os deveres de esposa, seria loucura pensar em tal. Ademais, ela o odiaria certamente e com dobrada razão — supunha ele. Efetivamente, fora um infame, um miserável, pois cedo compreendera que ela o amava.

Pensando melhor, resolveu não provocar o encontro almejado para a justificação. Se o acaso a colocasse em seu caminho, então, sim, apresentaria as suas desculpas.

Sua resolução, todavia, não era inabalável. Havia momentos de visível ansiedade, desejos de tornar a ver essa mulher, a quem ele, apesar de tudo, queria muito.

Evocava, nas horas de solidão, a impressionante beleza plástica de que ela era dotada, e isso dava maior força à vontade de vê-la ainda mais uma vez.

Passearia todas as manhãs pelos arredores da quinta e, naturalmente, num desses passeios matinais, encontrá-la-ia, pois não lhe eram estranhos os hábitos de Marta.

A esposa de Martinho, por sua vez, tinha o desejo secreto de tornar a ver o homem que a infelicitara, ao menos para lançar-lhe todo o seu desprezo num olhar de soberana indiferença.

Os dias corriam...

***

Em uma límpida manhã de verão, Fábio passeava nos arredores da quinta, na execução de seu plano, quando avistou Marta, que caminhava em sua direção, com o ar mais despreocupado da vida.

Trajava com elegante simplicidade e estava mais bela que nunca. Seu corpo adquirira novas formas que, longe de o enfearem, mais a tornavam sedutora.

Marta

Aquele passeio e a escolha do local teriam sido premeditados? Ignoraria a presença de Fábio naquele sítio?

O jovem doutor sentou-se à sombra de uma jabuticabeira de modo que ela só o visse quando estivesse a dois passos.

Através dos arbustos, Fábio seguia todos os movimentos da esposa de Martinho. Via quando ela, ora abaixando-se, ora levantando-se na ponta dos pés, colhia aqui uma flor, ali um fruto, mais adiante um galho pequeno de uma árvore qualquer, com o qual batia encantadoramente ao longo do corpo.

Não reparara, pelos modos, ou fingira não reparar, no homem que sentara ali bem perto.

Aproximava-se.

Ele sentia que o coração lhe batia fortemente...

Tinha estremecimentos inexplicáveis.

Que seria aquilo?

Emoção.

Ao chegar ao lugar em que ele se sentara, ela, como que demorando os passos, fitou o médico com a maior indiferença de que é capaz uma mulher ofendida, e, como se nunca o houvera visto, desviou os olhos vagarosa e atrevidamente e continuou o seu caminho.

Fábio quis falar, mas era de tão soberana indiferença o ar de Marta, que não se atreveu a tanto.

Convencera-se de que a passagem da esposa de Martinho por ali fora adrede preparada, pois não se justificaria de outra forma a impassibilidade com que o fitara, o que em outras circunstâncias jamais aconteceria.

E numa explosão de amor-próprio ofendido, exclamou, cheio de cólera:

— Queres a guerra? Tê-la-ás com todo o seu cortejo de lágrimas. Foste minha uma vez e sê-lo-ás tantas quantas a mim me parecer suficiente para te abater o orgulho.

E com um sorriso sardônico, como se incorporasse naquele instante o anjo do mal, falou consigo mesmo:

— Sei que me amas muito e pouco ou quase nada ao teu marido. É a primeira probabilidade de vitória. Eis a segunda: quando uma mulher passa com ar de indiferença por um homem com quem já entreteve relações, denuncia desde logo a sua fraqueza e o seu interesse.

Assim pensando, levantou-se.

Seu todo era o de um homem que concebera terrível plano de vingança.

A passos seguros e largos, encaminhou-se para casa. Aí chegando, dirigiu-se para o seu gabinete, onde penetrou e fechou cuidadosamente a porta.

Atirou-se em uma cadeira e entregou-se às suas reflexões.

De quando em quando, rápidos clarões iluminavam-lhe o semblante sinistramente impassível.

Súbito, pegou na pena e traçou a seguinte carta:

> *Marta:*
> *Eu sou — tu bem o sabes — um criminoso, mas aos delinquentes assiste um direito sagrado, mais que um direito, um instinto, e este é o da defesa! Pois bem, eu quero defender-me das tremendas acusações que me vens fazendo no foro íntimo da tua consciência.*
>
> *Se ainda te restam farrapos de afeição por esse criminoso, que no caso tu sabes bem quem é, concede-me a felicidade de me ouvir amanhã, à mesma hora de hoje e no mesmo local por onde passaste com a terrível indiferença das soberanas da beleza.*
>
> *Teu, pelo coração,*
>
> Fábio

Meteu a carta num envelope e saiu do gabinete.

* * *

Na tarde desse dia, Marta tinha em mãos a carta de Fábio.

Desde o momento em que propositadamente passara pelo homem que, apesar de tudo, ainda amava, começou a sentir uma melancolia indizível, verdadeiramente mortal.

Marta

Houve mesmo um momento em que ouviu a gargalhada estentórea que nas horas de indescritível tristeza reboava no recinto misterioso de sua alma, nos áditos impenetráveis da consciência.

Agora tinha em mãos a carta de Fábio, carta mil vezes maldita e mil vezes bendita.

Que fazer?

Que resposta dar?

Deveria mostrar essa carta a Martinho?

Sim, era esse o seu dever, dever imprescritível, inalienável, visto que tinha um homem a quem devia respeito e obediência, e esse homem, cuja nobreza de caráter era inconteste, havia apagado, com a sua dignidade, uma falta que ela cometera num instante de irreflexão, de loucura quase.

Sim, devia pôr seu marido ao corrente do fato, pois nada mais a ligava a Fábio.

E que temeridade a desse homem em dirigir-lhe, em semelhante conjuntura, aquela carta, em cujas entrelinhas o espírito arguto de Marta descobria uma vaga promessa que não queria adivinhar.

Sim, não havia dúvida alguma de que ele tentava uma reconciliação e — quem sabe! — uma ligação talvez.

Mas, Deus do Céu, era lá possível semelhante coisa?

No entanto, ali estava a carta, em suas mãos, a revelar o que se passava no espírito daquele homem cujo caráter lhe era um verdadeiro problema que exigia, para sua solução, artifícios de cálculo.

— Não devo mostrar esta carta a Martinho — ponderou de si para si a desgraçada. — Ignorando ele a existência dessa missiva atrevida e irritante, evitar-se-á, talvez, uma desgraça. Rasgá-la-ei e, amanhã, comparecerei para dizer a esse homem que se afaste em definitivo do meu caminho.

— Não resta dúvida — prosseguiu ela depois de longa pausa — de que a intenção dele é reencetar relações comigo, mas eu necessito de pôr termo a esse estado de coisas que se não pode prolongar por mais tempo, sob pena de Martinho inteirar-se do ocorrido. Então...

E não terminou.

Seus olhos percorreram, de novo, pela décima vez, a carta que Fábio lhe enviara horas antes.

Após ler e reler a missiva do jovem médico, dobrou-a maquinalmente, guardou-a no seio e pôs-se a contemplar, pela ampla abertura da janela, com olhar inexpressivo e vago, a paisagem que se descortinava, monótona, diante de sua retina.

Meditava...

Imobilizara-se nessa meditação prolongada e torturante.

Sentia-se arrastada para esse homem que ela queria odiar com todas as forças com que o amara um dia, mas sentia-se impotente, fraca, pusilânime.

Que magia de sortilégios infernais a dominava assim?

Nem mesmo a lembrança de seu filho, que dormia ali perto, sereno, tranquilo, inocente, e o gesto de soberana nobreza de Martinho a abroquelavam contra os golpes certeiros dessa sedução que se repetia.

Onde o valor moral de seu espírito, os sentimentos remissores que a conduta de seu marido despertara em seu coração, precisamente no instante doloroso em que esse homem que a procurava agora a abandonara covardemente?

Tentava reagir contra essa verdadeira anemia moral, mas sua vontade, mal-educada, era impotente para lhe realizar o desejo.

Assim como tinha momentos de firme resolução, a estes sucediam outros de frouxidão absoluta, em que se tornava, voluntariamente e até com indizível voluptuosidade, passivo instrumento de uma vontade estranha.

E se sua vontade não se sobrepusesse a apetites inconfessáveis; se a sua responsabilidade de esposa e mãe não despertasse a tempo; se a sua dignidade de mulher honesta não se insurgisse contra desejos animais, a sua queda seria fatal, inevitável.

Era preciso reagir, era preciso mostrar-se superior às contingências do momento, era preciso, enfim, ser digna de Martinho, resgatando agora, com um gesto de nobre altivez, uma falta que não deixava de pesar no coração generoso de seu marido.

Marta

— Irei, mas somente para dizer a esse infame que se não atravesse mais em meu caminho.

E olhou novamente para fora com o mesmo ar indiferente, inexpressivo e sem calor.

Todavia...

7

Martinho, se de nada suspeitava, andava preocupado desde o momento em que tivera conhecimento da vinda de Fábio.

Vivia num verdadeiro inferno, torturado pelo ciúme, por uma desconfiança que tocava as raias da loucura. Entretanto, na aparência, era o mesmo homem sóbrio nos gestos e nas palavras.

Como se vaga intuição o advertisse de que em torno de sua honra os abutres da maldade corvejavam diabolicamente, o nobre sertanejo multiplicava-se em carinhos e atenções para com sua Tatinha. E quando se lhe oferecia oportunidade, ele fazia alusão aos deveres recíprocos dos esposos como base da felicidade doméstica, com o intuito, mal dissimulado, de acordar a consciência de Marta em face do perigo.

Incapaz de um gesto ou frase indelicada, Martinho, mesmo sob o guante pesado do ciúme, media as palavras e os gestos, para que sua mulher jamais tivesse motivo plausível de queixa.

Sabia — pois que se não descuidava de consultar os seus autores prediletos: Kardec, Roustaing, Delanne, Léon Denis — que seu Espírito necessitava de depurar-se no cadinho da dor, a fim de atingir, em migrações porvindouras, as cumeadas da perfeição espiritual.

Marta

E porque o sabia, e porque era crente sincero na ciência espírita, procurava dominar-se, tornar-se senhor absoluto de sua mente e de sua vontade.

E, assim educado, fácil lhe vinha sendo o trabalho modificador do seu eu.

Às vezes, sem saber por que, achava prazer no sofrimento, doçura na dor, gozo nas provações e infinita saudade dos dias mais amargos do seu viver de órfão.

Em franco progresso espiritual, tinha, nas horas de completa solidão, rápida e impressionante visão de um futuro glorioso.

Via-se, às vezes, em existências posteriores que a clarividência descortinava em fugitivas claridades esbatidas, mensageiro da paz e da fraternidade entre os homens, em eterno peregrinar pelo mundo no desempenho integral dessa missão redentora, pregando o amor e a caridade que Jesus exemplificara no topo do Gólgota, na mais sublime lição de que tem conhecimento a História.

E, diante dos esplendores do futuro, sua alma olhava com dó e piedade para a humanidade perversa e má que não queria abrir os olhos à luz esplendorosa das verdades espíritas.

Fatalista até onde podiam ir os seus conhecimentos, sem nunca, porém, transpor a linha que separa o possível do absurdo, acreditava que os grandes acontecimentos desenrolados no seio dos povos, como na vida do homem, têm a sua razão de ser e obedecem a leis preestabelecidas. Mas essa fatalidade não chegava aos fatos insignificantes que se verificam na existência do indivíduo ou das coletividades, pois tais fatos são originados pela imprevidência, pela incúria e pela negligência das criaturas. Violando as leis eternas, em virtude de seu livre-arbítrio, o homem terá que sofrer as consequências dessa violação. Eis como acreditava na fatalidade: o homem sofrendo sempre as consequências do mau emprego que dera ao seu livre-arbítrio.

Assim, para ele, tudo se justificava: se sofria agora a ingratidão, é porque fora ingrato em épocas longínquas, em outras vidas; se gemia, é porque fizera alguém gemer; se levava uma vida de acres e pungentes decepções, é porque amargurara em outros tempos a existência de um seu semelhante. Eis a verdade, verdade que não horroriza, mas que consola os corações acicatados pelas provanças.

Inspirado nesses ensinamentos consoladores, tinha horas de relativa tranquilidade.

Feliz de quem, nos momentos de acerba expiação, nos instantes dolorosos da vida, quando sente o coração mordido pela víbora da ingratidão, tem o consolo de sua crença e o reduto da fé para nele refugiar-se.

E Martinho tinha, por isso, dias de relativa felicidade, porque sua fé não se baseava em dogmas, mas no testemunho dos fatos, das observações e, sobretudo, na razão.

Sem ligar a importância que os materialistas emprestam ao sofrimento, ele não esquecia, como homem de bem, os pontos de honra propriamente ditos, esquecimento que lançaria a sociedade, a verdadeira sociedade, na mais completa anarquia moral. Porque há duas espécies de sociedade: uma tola, pedante e convencional, ora vazia e nula; outra, fator primacial da moralização dos costumes e dos hábitos — a sociedade dos honestos, dos bons, dos generosos, que neutraliza, pelos exemplos abundantes de caridade e amor, os efeitos perniciosos daquela, as emanações miasmáticas e deletérias da primeira, que circunscreve o raio de sua ação aos clubes e cabarés, onde apodrecem as almas antes do apodrecimento do corpo, ao passo que a segunda se estende à família humana, congraçando-a, elevando-a, enobrecendo-a.

Tal a opinião que fazia da sociedade.

Seu amor pela esposa tocava as fronteiras intangíveis da adoração e, por isso, receava enlouquecer no dia em que lhe faltasse essa afeição que era bem a razão de ser de sua vida.

Dessa forma, tinha momentos de atroz desconfiança.

Entretanto, sabia dominar-se e dava à esposa a maior liberdade possível.

Não lhe espreitava os passos como um ciumento vulgar, tampouco indagava de Marta, quando esta voltava de seus passeios habituais, aonde fora, em que lugar estivera.

Marta

Ademais, confiava em que sua mulher saberia corresponder a essa confiança.

Quase sempre a via, pela manhã, dirigir-se de preferência para os lados em que se achava situada a casa dos genitores de Fábio, mas isso, que a princípio lhe causava temor, julgou mais tarde muito natural, porquanto era precisamente por aqueles arredores que havia sítios apropriados para a meditação.

Achava bons esses passeios, esse contato direto com a natureza para a enfermidade moral de sua Tatinha.

A coitada sofrera tanto!

E depois, com o nascimento do filhinho, ela se enfraquecera um pouco, como era natural.

Que passeasse, que caminhasse.

Só um pesar o acabrunhava em tudo isso.

Por que Marta não o convidava?

Pensando, porém, com mais justeza, julgou que ela, em virtude dos últimos acontecimentos, precisava de algumas horas de solidão, de alguns momentos de insulamento.

E as feridas do coração custam tanto a cicatrizar...

A esposa tinha, pois, razão de querer estar só, algumas horas, para meditar.

* * *

No outro dia pela manhã, Marta saiu com destino ao local citado na carta que Fábio lhe enviara.

Não sabia por que se demorara mais algum tempo em sua toalete.

Sentia-se com pouca coragem de repelir aquele homem a quem amava ainda, mas não podia deixar de lhe ser franca, sincera, positiva. Não queria mais saber desses encontros que, repetidos, a perderiam para sempre.

Ia ponderar tudo isso a Fábio e falar-lhe de seu marido, de seu gesto de sublime dedicação, a ver se o demovia do propósito de reatar relações.

E, assim pensando, chegou ao local.

Fábio esperava-a com indisfarçável ansiedade.

Levantou-se e foi ao seu encontro e, num gesto de que ela não suspeitara, tomou-lhe uma das mãos e beijou-a ardentemente.

— Que fazes? Estás louco? — perguntou Marta um tanto encolerizada.

— E por que não hei de estar louco se a víbora do ciúme me vem espicaçando o coração? Acaso não sabes que te quero muito, que vivo num verdadeiro inferno desde o instante em que te deixei? Ah! Marta, tens razão de desprezar-me porque não pude cumprir a minha palavra, mas deixa-me falar, deixa-me apresentar-te os motivos determinantes do meu silêncio. Quando te disse, no auge da felicidade, que viria buscar-te, não contava que era aquele o meu último ano de estudante, pois que se completava naquela época o tempo que devia cursar a Escola, de onde saí, há pouco mais de um mês, formado em Medicina. Depois que cheguei ao Rio é que compreendi que avançara muito em dizer-te que me esperasses em maio. Imediatamente pensei em escrever-te, mas como? Será bem possível que teus pais tomassem conhecimento do conteúdo da carta.

"E nessa situação, tremendamente embaraçosa, julguei mais prudente silenciar, certo de que compreenderias esse silêncio. Entrementes, escrevia a minha mãe, pedindo-lhe que te falasse de mim, que eu gozava saúde e que ansiava pelo dia feliz em que não tornasse mais ao Rio, a fim de estar sempre ao teu lado, venturoso e feliz. Quando, porém, aguardava uma lembrança tua, eis que minha mãe me anuncia o teu consórcio! Sabes que é o sofrimento, um desengano, uma esperança perdida? — indagava Fábio já com as mãos de Marta presas nas suas e com o olhar cravado em seu semblante que se desanuviara às primeiras palavras do jovem doutor. — Sim, deves sabê-lo porque sofreste! Quantas lágrimas esses olhos que me fitam com a doçura divina dos arcanjos não derramaram e quantas vezes essa boca que se entreabre de novo aos meus beijos não me amaldiçoa, a mim que te amo com verdadeira loucura!"

Marta

Marta ouvia com indizível vaidade as palavras daquele homem, a quem pensava poder odiar um dia!

As paixões que adormecem no coração pela impossibilidade material de se satisfazerem são as que têm despertar mais violento e, consequentemente, curso mais impetuoso.

A paixão que a mulher de Martinho alimentava por Fábio jazia em estado latente em seu espírito, esperando, para seu despertar, somente que esse homem a viesse provocar.

E, depois, não podia suportar a saudade que tinha dos afagos e carinhos desse que era a razão de ser de sua vida.

Não era culpada — pensava às vezes — de amar Fábio com loucura, com infinita loucura.

Deus que a perdoasse, que se compadecesse de sua desgraça.

— Vem, Marta — pedia Fábio, arrastando-a docemente para o recanto mais discreto do sítio. — Vem sentir a alegria do viver que canta em nossas almas, em nossos beijos. Por que vacilas? Acaso não me queres mais? Esqueceste teus juramentos? Vem! Que importa a sociedade com as suas tolas convenções? Vem!

Marta cedia...

Súbito, como um clarão que viesse das profundezas do seu ser, dos subterrâneos misteriosos da consciência, iluminou-lhe o coração a doce e grave figura de Martinho com um sorriso de infinita mágoa a errar-lhe nos lábios.

Recuou, com as mãos na cabeça.

— Não! Não! Larga-me, Fábio! — suplicou, quase desvairada, a desgraçada. — O meu marido!

— Louquinha, estás nervosa — ciciou-lhe ao ouvido a voz apaixonada de Fábio. — Vem, vem comigo para o festim pagão da nossa felicidade! Vem!

Ele dominava poderosamente aquela alma fraca, vacilante e criminosa.

E como se não tivesse outra vontade que não a do homem que a seduzia, deixou-se arrastar, relutando, porém, ainda, para o sítio que ele lhe indicava.

Fernando do Ó

— Vem — prosseguiu —, ninguém o saberá nunca. Se quiseres, levar-te-ei daqui pra bem longe, onde não possa chegar a ingratidão daqueles que nos hão tornado tão infelizes, tão desgraçados.

— Mas, Fábio — advertia a pecadora —, isso é um crime, isso é loucura! Vai, vai e não penses mais em mim. É preciso que assim seja para a felicidade de todos nós.

— E em que pensas consistir a felicidade? Em quê? Em amar a quem não nos desperta o coração para as alegrias eternas do amor? Não estás certamente em ti. Pensas que só as afeições recíprocas cimentam o edifício da ventura e do prazer! Vem! — e arrastava-a, brandamente, já com o braço em torno da admirável cintura da mulher de Martinho.

— Não quero, porque isso é um crime — repetia ela, maquinalmente, sempre sem saber ao certo o que dizia.

— O nosso amor apagará mais esta falta. Vem, já é tempo de recordar as horas felizes de um passado que não vai longe.

— Não queria... — murmurou arfante.

Sucedeu as últimas palavras de Marta um silêncio prolongado, mordido apenas, de vez em quando, por um leve cicio de vozes apaixonadas.

Pássaros cantavam na galharada dos cajueiros frondosos.

Ovelhas baliam ao longe.

E os trabalhadores trovavam na lavoura, manejando o arado.

Distante, destacava-se imponente e majestoso, qual sentinela que se petrificara na mesma posição, o mastodonte granítico da serra da Borborema.

— Não te esqueças da resposta, amanhã, a fim de que providencie com urgência sobre a partida.

— Sim.

E Marta retirou-se, ligeira, para casa, olhando-se desconfiada. O crime fora consumado.

* * *

Marta

Chegada que foi aos seus aposentos, Marta, ainda sob a impressão, a um tempo feliz e dolorosa, de angústia mesmo, atirou-se no divã e começou a passar em revista os últimos acontecimentos.

Não lhe era possível jogar à vontade com as suas faculdades julgadoras. Fugiam-lhe os pensamentos desordenadamente.

Quando pretendia concatenar as ideias para daí tirar ilações, eis que sua alma se emaranhava no labirinto dos mil detalhes de seu segundo crime.

E assim permaneceu algum tempo, incapaz de um exame mais severo sobre o passo tremendo que acabava de dar.

Olhou em derredor.

O filhinho dormia no berço, envolto em ricas vestes.

Sorria.

Sonhava — alma exilada dos páramos luminosos, das moradas siderais — talvez com os anjos, com esses entes vaporosos que povoam os sonhos das crianças.

Ali estava o fruto de seu primeiro crime.

E o céu não a castigaria, enviando-lhe a prova esmagadora de seu segundo delito?

E ao passar-lhe pelo cérebro essa ideia sinistra, teve uma crise de lágrimas.

E chorou abundantemente.

Por que fora àquele encontro? Por que não repelira os carinhos e as palavras de Fábio?

Por que não se mostrara digna de si mesma?

Ah! agora estava convencida da frouxidão de seu próprio caráter, da pusilanimidade de seu espírito.

E a criança dormia, sorrindo.

E Fábio tivera o arrojo de convidá-la para partir dentro em breve.

Deveria aquiescer ao convite?

Lembrou-se de Martinho, que, àquela hora, no trabalho honesto e por isso mesmo edificante, dirigia os empregados da quinta em seu rude labor cotidiano.

E no horizonte misterioso de sua consciência, iluminada por luz estranha que açode às evocações pungentes, destacou-se serena e digna, tranquila e grave, envolta num resplendor de célicas virtudes, a figura impressionante de Martinho com aquele ar todo seu, de precoce austeridade.

Atingiu, então, o apogeu a agonia da pecadora.

— Meu Deus, por que me fizeste tão fraca e tão miserável, tão infeliz e desgraçada? Por que quiseste que esse homem honesto e digno, cuja superioridade e beleza moral ultrapassaram os limites das minhas concepções, ligasse o seu destino, obscuro, mas feliz, ao meu destino ingrato e cruel? Por que, sabedoria e bondade que és, não evitaste essa união flagrantemente desigual? Por que, ó Deus? Sinto-me irremediavelmente perdida por não poder sopitar os apetites da carne — continuou a desgraçada. — Quero, meu Deus, acreditar na tua existência e no teu amor, mas sou tão desventurada que duvido que existas!

— Cala-te, Tatinha, não blasfemes — falou-lhe quase ao ouvido a voz amiga de Martinho, que penetrara na alcova precisamente no instante em que sua mulher, no auge do desespero, negava a existência de Deus. — Cala-te, querida, não digas tamanho absurdo. Deus existe e tu o sentes, e eu o sinto, e todos o sentem na voz enigmática, indecifrável e misteriosa da consciência! Nós é que não o queremos ver, ouvir e sentir. Como podes, inteligente que és, conceber as leis que regulam a vida dos mundos e dos universos sem um autor, sem um inteligente legislador? E esse autor tanto pode ser Deus, Jeová, Alá como natureza, providência ou acaso. Tudo é questão de nome.

"Se não conhecesses a significação deste último vocábulo — acaso —, nem os lexicógrafos lhe estudassem a estrutura etimológica, bem podias empregá-lo na acepção de Deus e, empregando-o assim, ele assumiria a mesma significação que têm Jeová, Alá, natureza, etc., etc., nos domínios da semântica. Tatinha — prosseguiu Martinho —, não somos, nesta vida, dirigidos, impulsionados por forças cegas que obedecem a si mesmas. Essa vontade de conhecer, desvendar, apreender os enredos que a natureza ainda nos oculta é obra de nossa inteligência, e esta nossa inteligência é efeito de uma Causa que os sábios materialistas denominam de acaso. Quando contemplo uma criança, vem-me logo ao espírito a ideia de um pai. E por que, contemplando os mundos que rolam no infinito com as suas humanidades — visto que creio na pluralidade dos mundos habitados e habitáveis —, sem jamais se rebelarem contra as leis da mecânica celeste, obedientes às leis da Física e da Química siderais, não nos vem à mente a ideia de um autor, de um criador a quem tudo obedece e em quem tudo se mantém? Deus existe, Tatinha, e porque existe, e porque nos vê e ouve, e porque é soberanamente justo e bom, é que sofremos para aprender, na escola da dor, a elevar-nos até Ele pelo amor e pela sabedoria. Se não sofrêssemos, não poderíamos aquilatar o sofrimento alheio."

E, dizendo isso, Martinho calou-se.

Envolvendo a esposa num olhar que era todo um poema sagrado de afeições imortais, assim falou:

— Abre-me o teu coração, Tatinha, e derrama no meu as tuas lágrimas e teus infortúnios, porque o meu amor é tão grande que apagará para logo essas lágrimas que me torturam, porque te torturam; afligem-me, porque te afligem; mortificam-me, porque te mortificam. Anda, fala, dize-me por que choravas quando aqui entrei. Se preciso for que sacrifique a minha vida em holocausto à tua felicidade, fala, ordena, e eu te obedecerei.

Assim falou Martinho.

Diante de tamanha abnegação, em face de tão grande afeição, Marta sentiu-se pequenina e miserável. Era um verme tentando fitar o condor que se alteava sereno e soberbo num remígio de luz esplendorosa.

Naquele momento sentiu, por estranho fenômeno, que diminuía em tamanho, em alma, em coração, e que não ocupava senão imperceptível ponto no espaço amplo da alcova, ao passo que sentia Martinho agigantar-se, não em tamanho físico, mas em grandeza moral. E não sabia por que o marido apresentava, ao redor de si, fugitivas claridades fosforescentes, de tom levemente solferino.

— Não sinto nada, Martinho — murmurou quase a medo a pecadora. — Fui presa de uma crise de lágrimas, de uma vontade incoercível de blasfemar, de gritar mesmo.

Fernando do Ó

— Acalma-te, meu amor, e alimenta aquele anjo que há bem meia hora agita as perninhas e olha de quando em quando para cá. Vai, meu amor, cumprir o mais santo, o mais nobre e o mais sublime de todos os deveres que à mulher são impostos por esse Deus cuja existência para mim não é um problema — vai cumprir o teu dever de mãe! Oh! como é doce a gente ter mãe, Tatinha!

E dizendo isso, saiu, mas a mulher não lhe percebera brilharem nos olhos tristes duas grandes lágrimas, lágrimas de amor e, quem sabe, de saudade.

* * *

Marta, ficando só, interrogou-se mentalmente:

— Teria Martinho ouvido as minhas primeiras palavras? Teria apreendido o seu sentido oculto? Não! Impossível, do contrário não me falaria daquele modo, teria palavras ásperas e o desfecho não seria o mesmo.

E assim raciocinando, acalmou-se um pouco. Sentia-se, entretanto, embaraçada, triste e apreensiva em face da situação que a sua imprudência lhe criara. Que fazer? Fábio convidara-a para segui-lo, para abandonar o esposo, o filho, o lar enfim.

Agora estava perdida, não aos olhos de Martinho, que nada sabia ainda, mas perante sua própria consciência, que a martirizava horrivelmente.

Aos fugitivos momentos de tranquilidade, sucediam-lhe outros de provações, de indizível angústia.

A única solução que se lhe afigurava, em virtude de seu segundo crime, era a fuga, o abandono daqueles cuja existência ela vinha afligindo com a sua conduta condenável; mas, à medida que essa ideia criava vulto em seu espírito, uma voz secreta, íntima, misteriosa, a advertia de que ainda podia regenerar-se para encaminhar o entezinho que a Providência colocara em seu regaço.

Que caminho deveria tomar?

Partir com Fábio?

Marta

E Martinho, essa grande alma de mártir, esse homem que a tinha arrancado um dia ao crime, pensando redimi-la?

Que seria do desgraçado?

Morreria de dor, certamente, mas Fábio lhe falara duma vida de prazeres, de felicidades, na grande metrópole brasileira.

Devia renunciar a essa existência faustosa que antegozava através das palavras de Fábio?

Iria aos teatros, aos clubes, às recordações e seria admirada e cortejada por todos, pois não lhe faltavam dotes de beleza plástica.

Triunfaria a flor agreste dos sertões.

Estava resolvida. Partiria no outro dia ao lado do único homem que amava.

Ficaria a Martinho, para consolo de sua vida, aquele filho que ele educaria a seu modo, à vontade de seu coração.

Escrever-lhe-ia uma carta circunstanciada, demonstrando-lhe a impossibilidade de amá-lo um dia.

Amava Fábio e esse amor a absolveria de seu crime.

Se ainda não tivesse encontrado outra vez, em seu caminho, esse homem que a desvirginara, bem podia ser que se lhe consolidassem as aspirações de uma vida de renúncia e sacrifício, mas desgraçadamente ele se atravessou novamente em seu caminho e, então, essa paixão louca que a soledade aplacara um pouco e a generosidade de um amigo abrandara notavelmente, irrompeu mais violenta do que nunca, mais dominadora e funesta como jamais supusera.

Agora se conhecia perfeitamente.

Aquela confissão feita a Martinho, perto do arroio, naquela manhã memorável, compreendia que a ela fora arrastada pelo despeito, pela saudade, por um capricho de mulher ofendida em seu amor-próprio.

Reconhecia-se indigna do esposo, mas não era esse sentimento que a levava a tomar a resolução inabalável de partir com o amante, ela bem o sentia, mas a afinidade que seu Espírito tinha com o de Fábio.

Só naquele momento soube que o seu casamento com o sertanejo fora mais um desafio lançado ao amante do que uma resolução de sua alma torturada pelo desejo de regenerar-se.

Fernando do Ó

Era uma mulher perdida que um grande amigo desejava redimir, mas seu temperamento insurgia-se contra esses deveres tremendos que ele lhe apontara.

Que se cumprisse, pois, a sua triste sina.

* * *

Naquela noite deveria partir com o amante.

A sorte favorecia-a: Martinho fora desempenhar, em lugarejo próximo, uma missão que se prendia aos interesses de seus benfeitores. Passaria lá a noite e voltaria no dia imediato. Assim podia, à vontade, dispor de tudo. A criança não sentiria falta dela, pois que mais tempo levava ao colo da ama do que em seus braços, ou ao pé de si.

Quanto a Martinho...

E não pôde terminar. Uma angústia e uma agonia infinita invadiram-lhe a alma, perturbando-lhe o sentido da palavra.

Chorava sem saber por que chorava.

As lágrimas corriam-lhe ao longo das faces com persistência verdadeiramente irritante.

Houve mesmo um momento em que sentiu que alguém soluçava ali no quarto. Voltou-se para todos os lados e nada viu; entretanto, ouvia que alguém chorava.

A certo ponto, por um fenômeno para ela inexplicável, seu nervo acústico adquiriu tamanha sensibilidade que ouviu alguém falar assim:

— *Insensata, que fazes? Por que vais procurar tão longe essa felicidade que tens ao alcance das mãos? Por que renegas assim a tua missão de mãe, a mais nobre tarefa que Deus podia conceder a uma mulher na Terra? Por que esqueces tão cedo a generosidade do homem que te faria feliz um dia? Sabes o que pretendes fazer? Calculaste já as consequências deste passo que dentro de alguns minutos darás? Calculaste já, desgraçada, que vais dilacerar os únicos corações que te amam? Louca, medita bem no que vais fazer, para que o arrependimento não venha demasiado tarde.*

Marta

E a voz calou-se, serena, tranquila e meiga.

Marta, de cabelos eriçados, horrivelmente transfigurada, olhou em derredor.

No berço, a criancinha dormia, tranquilamente, a sorrir.

A noite começava a cair pesada e fúnebre.

Nisso, reboou no recinto do quarto uma gargalhada infernal, muito conhecida de Marta.

— É preciso partir — disse nervosamente a pecadora. — Se permanecer mais um dia aqui, temo enlouquecer.

E dando a última demão à leve bagagem, olhou mais uma vez em volta.

Súbito alguém assobiou no pomar.

Era o sinal.

Ela se dirigiu para o berço em que dormia o filhinho. Depôs-lhe, de mansinho, um beijo na boca e, sobre o travesseiro de sua cama, pregou, com um alfinete, uma carta em cujo envelope traçara, com firmeza, o nome de Martinho.

Pulou a janela com a agilidade de um ginasta consumado e achou-se mergulhada nas trevas densas da noite.

Depois de habituar-se à escuridão, encaminhou-se para o lugar previamente escolhido e onde já a aguardava o jovem doutor, cavalgando soberba e magnífica alimária.

Na primeira curva da estrada, ao sopé da Borborema, Marta, ao lado do amante que trincava nervosamente esplêndido charuto, voltou-se um pouco sobre o selim e lançou um olhar para a casa de seus pais onde deixara, imprevidentemente, o rebento do seu seio, como a dirigir-lhe um adeus pela eternidade.

Mas os desígnios da Providência são imperscrutáveis...

8

Manhã clara de outono.

Às oito horas, já o Sol queimava, causticava e retinia na areia dos caminhos.

A gadaria lambia com sofreguidão o pasto verde.

Ao longe, rolos de fumo que o vento esgarçava e varria se erguiam na curva do horizonte, anunciando a queimada e despertando na alma ingênua dos sonhadores a imagem das ilusões desfeitas pelo sopro das desventuras.

Os pássaros cantavam nos cajueiros copados.

As maracanãs, nos coqueiros, faziam fantástica algazarra.

Trabalhadores retardatários seguiam rumo à lavoura, fumando em cachimbos de cereja.

Aves de arribação cortavam de vez em quando o espaço, fugindo à arma mortífera dos caçadores impenitentes.

Na curva longínqua da estrada, lá perto do trecho azulado da serra da Borborema, que dominava a paisagem, surgiu um cavaleiro envolto em uma nuvem de pó.

Corria, corria, corria.

Já se distinguia o vulto que trazia à cabeça o clássico chapéu de couro dos sertanejos e, sobretudo, dos vaqueiros.

Marta

Chegando à frente da casa, sob o alpendre amplo e alto, apeou.

Era Martinho.

Vinha coberto de pó, visivelmente cansado, tanto que, ao apear, atirou-se para um banco e assim ficou algum tempo.

Nisso, apareceu no limiar da porta da sala a figura veneranda e grave do velho Carlos, horrivelmente pálido.

Martinho, entretanto, nada percebeu daquela transfigurada fisionomia.

Depois de dar conta do cumprimento integral de sua missão, entregou o cavalo a um trabalhador da quinta e, sem reparar no velho que o fitava com visível ar de compaixão, transpôs o umbral da porta e dirigiu-se para os aposentos da esposa.

Carlos ficou imóvel, petrificado no local em que se achava, como se se houvera transformado de um momento para outro em uma estátua.

Dava pena ver aquele homem cujo sofrimento não conseguira ainda abater completamente.

Já tomara conhecimento da fuga de sua filha.

Sofria menos por si do que pelo genro, de cujo amor por sua única filha nunca lhe fora lícito duvidar.

Amava Martinho como a um verdadeiro filho.

Afeiçoara-se àquele homem cuja nobreza de caráter e sentimentos todos admiravam.

Era um ente que mais pertencia ao Céu do que à Terra.

Como portaria o desgraçado em face de tamanha provação?

Resignado no infortúnio, bem podia ser que suportasse, como verdadeiro mártir, mais esse golpe tremendo que o destino acabava de desferir-lhe.

Mas sigamos Martinho.

Ao chegar à porta, bateu levemente e esperou.

Silêncio sepulcral, angustiante, a inspirar sinistro pavor, sucedeu às pancadas leves que o sertanejo vibrara na porta.

Empurrou, então, de mansinho a porta e chamou:

— Tatinha, ainda dormes?

Fernando do Ó

Silêncio tumular.

O berço vazio e a cama feita, sem o mínimo sinal que desse a entender que alguém dela se utilizara.

Esfregou os olhos para convencer-se da realidade do quadro.

— Marta! — gritou. — Marta!

Uma agonia infinita, um medo horrível, uma dor que se não descreve invadiram a alma do desgraçado que, por intuição, compreendeu o que se passara.

Lançou ainda um olhar, já desvairado, para a cama e viu sobre o travesseiro, pregada com um alfinete, uma carta.

De um salto, arrancou-a, já possuído de terrível emoção, pois ali estaria a chave do enigma.

Sôfrego, hesitante, já meio alucinado, rasgou o envelope e leu:

> *Martinho:*
> *Digo-te adeus para sempre, porque nunca fui nem o serei jamais digna do teu amor.*
> *Fujo com Fábio, esse demônio que me escravizou.*
> *Que queres? É a fatalidade, ou o destino, como quiseres. Tarde, bem o sei, compreendi a impossibilidade de esquecer esse homem que exerce sobre mim uma influência funesta, verdadeiramente diabólica. A minha vida ao teu lado era a humilhação, a tortura, porque és bom, és justo, és puro, és nobre, és grande, és santo! Compreendes?*
> *Para adorar-me, desceste muito e, para amar-te, eu devia subir tanto que me perderia na vertigem das alturas em que a tua moral te colocou.*
> *Bem vês que era impossível ao batráquio seguir no voo a águia altaneira que domina o céu!*
> *Desgraçada nasci e desgraçada morrerei. Sei que a tua dor será daquelas que na vida não encontram consolações, mas tu és forte, resignado, e as luminosas máximas do Evangelho que me lias à tardinha, ao pôr do sol, quando a natureza queria adormecer às palpitações das estrelas e quando a nossa alma pressente o segredo ou o mistério do seu destino, encherão o teu espírito dos doces eflúvios que emanam das palavras mansas de teu Jesus.*

Marta

Adeus, Martinho! Adeus, para sempre!
Esquece Marta, esquece-a, meu bom amigo, e se resistires a essa prova que te vem desse mundo ignoto em que acreditas, por intermédio da única mulher que amaste na vida, ora por mim, protege-me com teus pensamentos de paz, de amor e de justiça.
Lembra-te de que o maior desgraçado é aquele que sabe que o é.
Adeus, Martinho! Adeus, pela eternidade!

Marta

— Sim! — bradou o infeliz. — Sim! Eu te protegerei! Mas eu quero que voltes para colocar em seu lugar o coração que me levaste! Ouves, Marta?! Ouves, Tatinha?!

E o desgraçado começou a chorar e a rir ao mesmo tempo.

— Marta — continuou, já desvairado, o desventurado —, eu direi a teus pais que fui eu quem te levou para bem distante.

Calou-se e fixou o olhar parado e inexpressivo na carta que amarrotara entre as mãos.

Súbito, reboou no recinto da alcova de Marta a gargalhada horripilante de um insano!

O infeliz enlouquecera.

9

Dois meses transcorreram desde a fuga de Marta.

A quinta do velho Carlos, outrora um ninho de paz e amor, era agora um lugar de profundas tristezas e dolorosas provações.

A mãe de Marta morrera quinze dias após a sua partida.

Vitimara-a a ruptura de um aneurisma.

O velho sertanejo passava a maior parte dos dias e das noites mergulhado na *chaise longue*, com os olhos fitos no teto e as mãos cruzadas sobre o peito.

O filho de Marta, muito magro e muito doente, estava sob os cuidados da criada, que já o amava como se fosse seu filho.

E Martinho?

Quase ninguém o via mais em casa.

Passava os dias e quase todas as noites no mesmo sítio em que um dia recebera, dos lábios puníceos de Marta, a confissão de sua falta.

Às vezes, trabalhadores da quinta que o estimavam sinceramente tentavam retirá-lo daquele lugar, mas eram sempre baldados seus esforços.

Pouco se alimentava e, quando o fazia, era na própria cozinha, a um canto, triste e silencioso, fitando muitas vezes a criança que a velha criada trazia ao colo.

Marta

Quase sempre se alimentava de frutas que colhia na quinta.

Alguns empregados, às vezes, viam-no chorar debruçado sobre a janela do quarto de Marta.

Um dia, viram-no correr pelo pomar, escondendo sob a camisa um objeto qualquer que achara ao pé de uma jabuticabeira. Mais tarde souberam que era um alfinete de Marta.

O insano tinha momentos de notável lucidez. Então, grave e severo, dirigia-se para seus aposentos e, após ligeira ablução, mergulhava-se na leitura dos livros que tanto o confortavam.

Não falava com quem quer que fosse, a não ser com o velho Carlos, a quem ia sempre pedir a bênção.

Eram, porém, passageiras as horas de lucidez.

O desgraçado, à vista de qualquer coisa que pertencera àquela a quem unicamente amara, voltava à vida errante e louca em que ela o atirara com a sua ingratidão.

E todos, então, na quinta choravam, lamentando a infelicidade de Martinho.

— Quem viu este homem — diziam os empregados da casa — justo, bom, tolerante para com as nossas faltas e agora o vê assim, louco, desgraçado para sempre, não pode deixar de chorar.

— Coitado! — concordavam todos.

Josefa, a velha criada, era a única pessoa que o arrancava, às vezes, do lugar em que ela um dia o encontrara a conversar com Marta.

— Vá, que nós já vamos almoçar. — E ria-se amargamente, se é que os loucos sabem quando têm o fel da desgraça na ânfora do coração.

Um dia desapareceu.

Ninguém ligou muita importância ao fato, pois, às vezes, quando não aparecia, iam procurá-lo perto do arroio e, fatalmente, ele lá estava, fitando as águas que pareciam chorar a seus pés.

Entretanto, passou-se outro dia e ele não dava sinal de vida.

Foram logo os trabalhadores e Josefa para o sítio preferido de Martinho e de longe o avistaram deitado no solo, descansando a cabeça sobre os braços que, por sua vez, se apoiavam em uma pedra de regular tamanho, na qual, naquela distante manhã de indizível felicidade para o desgraçado, se sentara a filha do velho proprietário da quinta.

Estava morto...

Após verificarem que Martinho efetivamente morrera, a velha Josefa disse, chorando, estas palavras tão comuns em transes tais e que, muitas vezes, encerra profunda verdade:

— Tá mais feliz que nóis.

Erguendo o cadáver, a fim de levá-lo para a quinta, viram sobre a pedra em que descansava a cabeça do infortunado sertanejo um lenço muito sujo, tendo, num canto, um M.

Fora aquele mesmo lenço com que a filha do velho Carlos enxugara o pranto.

O pai de Marta, sereno e grave, recebeu a notícia da morte de seu filho adotivo sem aparente perturbação.

Mas no dia em que devia realizar-se o enterro de Martinho, o velho e magoado sertanejo desapareceu da vida objetiva, vitimado por um colapso cardíaco.

Os supersticiosos da região lançavam olhares desconfiados e medrosos para aquele casarão, onde penetrara um dia o anjo mau da desgraça, ferindo corações e ceifando vidas.

Tinham receio de penetrar naquela casa enorme, habitada agora apenas pela velha criada, que resistia — impávido jequitibá humano — aos golpes do destino.

Há famílias verdadeiramente infelizes.

Quando acontece alguma coisa dolorosa, é como que um rastilho por onde a desgraça se insinua, destruindo lares outrora felizes, provocando lágrimas pungentes, dores infinitas.

E os supersticiosos, os que ainda não abriram os olhos aos esplendores da Justiça indefectível, tomam esses acontecimentos como um castigo do Céu, quando poderão ser provações pedidas por esses Espíritos que vieram para a Terra, em família, ressarcir faltas anteriores, talvez crimes hediondos praticados em vidas pretéritas.

Encarados os fatos assim, à luz do reencarnacionismo, desaparecem as suposições descabidas, essas aparentes injustiças do Céu!

Marta

Tudo se encadeia na vida, tudo obedece a um plano incomparável da Criação.

Aquela família, que fora feliz tanto tempo, atingira o ponto, a época em que deveria sofrer as provas anteriormente escolhidas pelos Espíritos que a compunham e, por isso, passava pelo cadinho da dor, onde as almas se depuram para a conquista da perfeição moral.

Quem sofre nem sempre chora por culpa de outrem, mas por culpa própria. Do contrário, teríamos que negar a sabedoria de Deus e, por isso mesmo, a sua existência.

10

Numa casinha perdida entre flores, num recanto pitoresco de São Cristóvão, no Rio de Janeiro, instalara-se, havia quatro meses, um casal do Norte.

A curiosidade dos vizinhos vivia espicaçada pela vida retraída e serena daquelas duas criaturas que pouquíssimas vezes saíam e muito menos ainda se deixavam ver à luz meridiana.

Murmuravam, à boca pequena, os habitantes do bairro, que esse casal viera do Norte, fugindo, para escapar à ação da justiça.

Outros diziam que o homem era um Don Juan perigoso que havia raptado a moça, com quem vivia, nas vésperas do casamento dela com um ricaço fazendeiro de Pernambuco.

Ainda alguns — e nesse número estava uma cabrocha que vivia de lavar roupas das casas ricas — declaravam que o casal em questão era de boa família, mas tinha qualquer mistério em sua vida.

Às vezes ouviam a mulher cantar ao piano com tanto sentimento que provocava lágrimas.

Por mais que os curiosos procurassem insinuar-se na simpatia dessa gente esquisita, jamais o conseguiam, pois dificilmente se abria alguma janela ou a mulher aparecia no jardim. Cognominaram a encantadora dama de "a formosa encarcerada".

Marta

E bem merecia esse epíteto. Os leitores certamente já conhecem essas estranhas personagens.

Fábio não era rico, mas além do que lhe rendia a sua profissão de médico, seus pais o auxiliavam sempre.

Passava as horas úteis do dia trabalhando no consultório que instalara na rua da Assembleia.

À noite, voltava saudoso de seu retiro e de sua Marta.

E assim os dias decorriam, os meses se findavam.

Marta achava uma doce poesia naquela solidão.

Não passeava, nunca fora a um teatro, nem a um baile, não porque Fábio se negasse a levá-la, mas porque não tinha vontade de sair.

Passados dois meses que Marta se instalara no Rio, na casa em que a encontráramos há pouco, acontecera-lhe alguma coisa que a impressionou por algum tempo.

Era à tardinha.

Fábio não voltara ainda do consultório.

O calor abafava.

Ela abriu um pouco a janela do quarto e atirou-se molemente no divã.

Pensava em sua vida, em seus pais, em Martinho.

Era nesses momentos de saudades e pungentes recordações que mais sofria, que mais considerava a extensão do seu crime.

Sim! Porque motivo nenhum lhe dera Martinho para que ela o abandonasse daquela forma. Se não o amava, por que consentira no casamento? Ninguém, absolutamente ninguém, a obrigara. Fora obra sua, quase que exclusivamente sua, aquela união precipitada. Ademais, se não lhe tinha afeição, não era isso motivo bastante para desconhecer os seus deveres de esposa. Fizera muito mal, convinha agora, mas já era tarde demais para recuar.

O remorso começava a sua obra tremenda de reparação violenta, muito mais cedo do que pudesse julgar a pecadora.

E assim pensando, olhava insistentemente para a abertura ampla da janela de seu quarto.

Nisso, afigurou-se-lhe que, no peitoril, leve e tênue nuvenzinha luminosa se começava a formar, lentamente.

Fernando do Ó

Esfregou os olhos e os conservou fechados, por um momento, pois supunha estar sendo vítima de uma ilusão de óptica.

Ao abrir, porém, os seus grandes olhos vivos, irrequietos, impacientes, observou que a nuvem mais se alongara, atingindo, agora, quase a parte superior da abertura. E o que mais a admirava era o fato impressionante de que o nevoeiro luminoso que se destacava da claridade do dia, ali à sua vista, tomava, aos poucos, ligeira forma humana, cujas linhas e contornos paulatinamente se acentuavam.

A princípio teve medo, mas logo se revestiu de coragem e, relativamente calma, deixou-se ficar à espera do resultado em que daria tão estranho fenômeno.

Não seria uma ilusão de seus sentidos anarquizados pelo sofrimento, pelo remorso, aquilo que ela presenciava?

Os médicos falavam em alucinações individuais ou coletivas, quando fatos idênticos se davam com determinadas pessoas ou em alguma coletividade.

Bem podia ser isso uma alucinação ou perturbação de seus sentidos.

Entretanto, a princípio receosa, estava calma, relativamente sossegada agora e, olhando para a janela, pensava em Fábio, em viagens, teatros, etc., a ver se a estranha figura luminosa que se formava lentamente ali, bem perto de seus olhos, tomava a forma que a sua vontade impunha. Queria, determinava porque sabia, por experiência própria, que, em se pensando continuamente em uma pessoa ou coisa, vê-se, embora vagamente, o objeto ou a entidade em que se pensa com firmeza.

Mas a singular personagem parecia que zombava da vontade de Marta, comprazendo-se em contrariá-la, para mostrar-lhe que há alguma coisa mais poderosa que o pensamento humano.

E, aos poucos, adquiria traços de alguém que Marta conhecera, cuja imagem estava bem clara e inconfundível na sua retentiva.

Ela apurou mais a sua observação e, nisso, soltou um grito, a que mais propriamente se poderia chamar um gemido.

À sua frente, luminoso, diáfano, vaporoso, a sorrir com o sorriso dos bons, dos que sofreram muito na Terra para alcançar a felicidade no Céu, se destacava materializado, em pleno dia, o Espírito de Martinho.

Riu-se com indizível doçura e, traçando no espaço um gesto largo de proteção, desapareceu com incrível rapidez.

Marta olhou com intraduzível ansiedade, com indescritível angústia, o espectro de Martinho, do homem que miseravelmente atraiçoara e cujo nome arrastara pelo charco da desonra e da perfídia; do mesmo homem que, para salvá-la, praticara um ato que santificaria um celerado; daquele que a amara acima de tudo, talvez mesmo acima de seu próprio eu, que tudo fizera pela felicidade dela.

Viu-lhe — e não fora ilusão de seus olhos nem mentira de seus sentidos; antes, para ela o fosse — o mesmo sorriso, a um tempo amargo e benévolo, que trazia sempre a brincar nos lábios ressequidos.

Os seus próprios gestos surpreendera-os na fugacidade de sua aparição, para melhor constatar a veracidade e autenticidade do fenômeno.

— Teria ele morrido? — gemeu a adúltera. — E agora o seu Espírito — pois ele sempre me dizia que quando morresse havia de vir oferecer-me uma demonstração positiva da imortalidade da alma — vem trazer-me o seu derradeiro adeus! Sim, foi ele que eu vi há bem pouco, com a mesma expressão de infinita bondade no seu semblante de justo, de puro. E ao invés de vir acusar-me, de vir lançar a sua maldição eterna sobre a esposa infiel e perjura, veio, ao contrário, trazer-me a sua despedida carinhosa, infinitamente fortalecedora, num gesto de quem promete ainda a sua proteção caridosa! Sublime coração, luminoso Espírito! Ninguém jamais te excederá em bondade, amor, tolerância, caridade, perdão!

E, num momento de clara visão profética, murmurou:

— Sim, Martinho, eu aceito a tua proteção confortadora e sublime!

E numa oração férvida e ardente:

— Aceito, Martinho, a tua proteção! Quero-a já, agora, neste momento em que pressinto de novo, sobre a cabeça, os primeiros rumores de longínqua tempestade que afastará a minha alma dos miasmas do vício e da honra enxovalhada. Essa tempestade virá mais terrível, talvez, do que suponho, para redimir-me de todas as culpas.

"És hoje feliz neste mundo cuja existência eu ignorava, mas que me revelaste em tuas conversas e que me comprovaste há pouco, na doçura cristã de seu sorriso! Vem, pois, Martinho, amparar-me na desgraça! Mostra-me, mais uma vez, no pélago insondável do meu viver amargurado, a tua bondade redentora, a tua caridade sem limites, o teu amor inalterável que atingiu as raias da sublimidade!"

Calou-se.

Olhou ainda, demoradamente, o vão da janela, como se quisesse, na meia penumbra do crepúsculo que caía, lobrigar o Espírito de Martinho, a alma bondosa de seu único e verdadeiro amigo.

Debalde foram os seus esforços.

Só ela ali estava, com o peso esmagador de seu remorso, com a sua grande infelicidade.

Mas uma vaga e doce consolação lhe sobreveio à evocação que acabava de fazer.

Sentiu-se estranhamente mais forte, mais resignada e com o coração menos triste, quase alegre.

Aura sutilíssima, impregnada de estranho e suave eflúvio que provocava agradável sensação de bem-estar, envolveu-a docemente, derramando-lhe em todo o ser uma jamais sentida coragem para sofrer.

Eram, possivelmente, as radiações luminosas dos pensamentos elevados de Martinho, acreditava-o ela.

Bateram à porta.

Marta foi abrir.

Era Fábio, que voltava do exercício das suas funções.

Como de costume, beijou-a na testa, mas a pecadora percebeu que essa carícia do amante não tinha o calor das primitivas manifestações de afeto. Que teria acontecido? Certamente, a emoção de há pouco deixara-a exigente demais.

Não mais se lembrou disso.

Chegara a hora do jantar.

Marta

Fábio fez a sua refeição meio taciturno, trocando com Marta as palavras mais indispensáveis.

Ela, por muito que se esforçasse, não conseguia de Fábio senão monossílabos.

Não contente com a conduta do amante, de ordinário alegre e de bom humor, interrogou-se sobre a sua estranha atitude.

— É que hoje — respondeu com laivos de aspereza — não tenho vontade nenhuma de estar alegre. Os afazeres, às vezes, neurastenizam-me horrivelmente, por isso vou sair um pouco e lá para as dez horas estarei de volta.

— E me deixas sozinha, Fábio? — interrogou Marta entre surpresa e desconfiada.

— Acaso receias ficar sozinha um instante? És excessivamente medrosa. Ademais, eu voltarei logo.

— Está bem — murmurou resignada a esposa de Martinho. — Vai, mas não demores.

— Sim — respondeu ele.

Depois de pequenas alterações no traje, Fábio saiu, atirando à sua vítima um rápido "até logo".

Na esquina, tomou o bonde.

Marta olhava-o da janela.

Ao sumir-se o veículo, na sua faina de vencer a distância, a infeliz sentiu como que um aperto no coração e chorou.

Era a primeira vez que Fábio a tratava daquela forma.

Triste e só, começou, como motivo de consolação, a passar em revista a sua vida cheia de lances teatrais, farta de lágrimas e amarguras.

Recompôs, por uma forte intuição, os acontecimentos que sucederam à sua fuga, no abandono do lar.

Viu o desespero de sua mãe e de seu pai, após terem conhecimento de sua conduta reprovável e indigna.

Via os trabalhadores da quinta tecendo comentários desairosos e picarescos em torno do seu caso.

Compreendia a cena altamente dramática que se desenrolara com Martinho, ao dar com a carta que deixara sobre o travesseiro.

E seu filho, como estaria àquela hora?

E Martinho? Teria, efetivamente, morrido?

E a sua mãe? Morrera, certamente.

E a causa de toda essa imensa desgraça era ela, Marta, que abandonara o lar, o esposo que a adorava, o filhinho, a própria mãe, o pai, os velhos servidores da casa, em suma.

O seu castigo — acreditava — devia ser proporcional à enormidade da desventura por que fizera passar entes amigos e verdadeiramente inocentes.

E a conduta de Fábio, esse começo de tédio, de aborrecimento, não seriam o prenúncio da expiação de um crime?

Não teria já começado o sofrimento?

Indiscutivelmente.

Agora era sofrer a desonra, a vergonha, a miséria e — quem sabe?! — a fome.

E não poderia ter ela evitado tanto desgosto, tanto infortúnio, repelindo o criminoso que a seduzira, arrimando-se ao homem que abnegadamente se lhe oferecera para uma união reparadora e relativamente feliz?

Devia, mas a voz da carne fez calar a voz da consciência e da razão.

Agora, começavam a debuxar-se, nos horizontes escuros de sua existência de mulher perdida, os primeiros traços fortes de seu futuro, as linhas seguras de seu porvir.

O gesto grosseiro de Fábio repetir-se-ia amanhã, e depois, e ainda depois.

Cedo viriam o aborrecimento total, as primeiras desilusões, os primeiros desenganos, e que seria dela, na Babilônia que é o Rio de Janeiro, sozinha, desamparada e desconhecida? Seria vítima dos homens sem consciência, da malvadez desses seres que vivem à custa das desgraças das mulheres perdidas.

Era preferível mil vezes a morte.

Mas Fábio não a abandonaria sem motivo, a menos que descobrisse melhor partido. Sim, porque o caráter de Fábio não era lá dos que primavam pela austeridade. Se uma vez ele já a havia enganado, não lhe seria difícil achar motivos para repetir a façanha.

Marta

Estava agora disposta a sofrer.

Sentia-se mesmo mais forte, com mais energia.

Mas... coitada de Marta! Ela não sabia que as almas fracas são animosas na ausência do perigo e covardes ante a verdade fria e esmagadora.

Ela não sabia ainda o que era a vida errante de uma mulher bonita que quer manter restos de dignidade e altivez.

Bem se via que a infeliz não conhecia a perversidade dos homens nem as podridões sociais que procuram disfarçar com esquisita hipocrisia as aparências estudadas.

Não frequentara ainda as rodas elegantes e por isso não sabia quando se chora para enganar e se ri para convencer.

Muito ainda teria que aprender a desgraçada no seio da população cosmopolita do Rio.

* * *

Passaram-se horas e Fábio não havia voltado.

Marta ouviu soarem as doze badaladas da meia-noite.

Não dormira ainda, à espera do amante.

Pela madrugada, vencida pelo sono, adormeceu no divã.

A janela, aberta, deixava penetrar na alcova as carícias da viração.

Os seus longos cabelos negros caiam-lhe pelos ombros, em desordem, encantadoramente.

Marta, apesar dos pesares, sorria.

Sonhava, talvez.

Com quê?

Pelas seis horas, com o barulho aos veículos, despertou.

Esfregou os olhos e olhou em derredor.

Só ela estava ali.

E Fábio?

Pernoitara fora, naturalmente.

Ela se sentiu tão só, tão abandonada, que chorou copiosamente, convulsivamente.

Fábio já não a queria mais. Encontrara, decerto, outra infeliz que, certamente, acreditava nas suas promessas sedutoras.

Que se cumprisse, pois, a sua triste sina.

Mas por que Fábio não a prevenira de que não podia mais viver ao seu lado?

E no momento em que a pecadora fazia essa interrogação, ele chegava a casa em um carro de aluguel.

Saltou com alguma dificuldade e, meio cambaleando, venceu a distância que ia do veículo à porta e, daí, agarrando-se aos móveis e às paredes, penetrou em seus aposentos, sempre a proferir palavras desconexas, verdadeiros grunhidos.

Estava completamente alcoolizado, pois que passara a noite em companhia de mulheres, em fortes libações.

Marta, amparando-o, apesar de escandalizada, pois que nunca presenciara semelhante espetáculo, levou-o até o quarto e aí o fez deitar. Depois, carinhosamente, tirou-lhe os sapatos, desfez-lhe o nó da gravata, desabotoou-lhe a camisa e deixou-o sobre a cama, dormindo a sono solto.

Fitou-o ainda por alguns instantes naquele deplorável estado de embriaguez. Teve pena dele e, num gesto que bem lhe revelava o coração e os sentimentos, depôs-lhe na testa suarenta um longo beijo apaixonado e ardente.

Amava-o, apesar de tudo.

Há almas assim, almas que beijam a mão que bate, a boca que ofende, sem que nisso se insinue qualquer cumprimento às leis do esquecimento evangélico.

E Marta estava nesse número.

Ligara-se de tal modo ao amante, que não tinha forças para contrariá-lo, nem para acusá-lo. O que de suas mãos viesse, fosse o que fosse, ela aceitava sem rebuços.

E nessa ligação teria mais tarde a desgraçada o seu calvário, a sua tortura, porque, incapaz de um gesto de independência para com o homem que a seduzira, suportaria, integralmente, as consequências da vida desregrada dele.

Questão de feitio moral ou de educação?

Marta

Nem uma coisa nem outra.

Só a doutrina das vidas múltiplas pode solucionar o caso.

Ela, em outra existência, abusara demasiado do amor de Fábio, prevaricando com Martinho, e, nesta vida, sofria, como sofrera Martinho, as consequências dolorosas de suas faltas.

Quando Fábio acordou, já era quase noite.

Olhou em volta de si, meio envergonhado.

Após o banho, dirigiu-se para a mesa onde já o aguardava Marta, silenciosa e grave.

O jantar correu em completo silêncio.

Fábio não apresentava mais nenhum indício de constrangimento.

Ela não o olhava para não ser obrigada a dizer-lhe qualquer palavra menos apropriada ao estado de espírito do amante.

Logo que terminou a refeição, ele se levantou e, sem dizer palavra, dirigiu-se para os seus aposentos.

Vestiu-se decentemente e saiu.

Ela já esperava essa resolução do doutor, por isso nada lhe disse nem lhe perguntou.

Era mister sofrer e havia de sofrer para resgate de suas faltas.

Compreendia agora — um pouco tarde, é verdade — que devia reabilitar-se aos olhos de Deus, por uma vida de sacrifícios e de provações. Mas teria forças para tudo? Saberia, acaso, mostrar-se corajosa no perigo, nas horas mais tristes de seu viver amargurado?

Só os que conhecem Deus pela fé raciocinada e acreditam em sua existência, acreditando que o homem sofre sempre as consequências de seus descaminhos, como goza o prazer espiritual que nos proporciona o bem praticado sem ideias ocultas, têm ânimo para enfrentar as provações da vida terrestre.

Mas os que se tornam resignados de um momento para outro, sem alicerçar essa resignação na rocha da transformação moral, cedo sofrem a desilusão, pois que o Espírito não estava preparado, pelo estudo e pela meditação acerca da vida *post mortem*, para assumir uma atitude que o dignificaria se não fosse extemporânea.

Fernando do Ó

* * *

Marta começava a emagrecer, a perder o sono, a definhar lentamente em virtude da conduta irregular de Fábio.

As bebedeiras se sucediam e ele já não cuidava de seus afazeres.

Passava as noites no jogo, quando não as passava ao lado de raparigas alegres, nos cabarés.

Não cumpria mais os elementares deveres de homem honesto.

Gastava tudo quanto tinha, à larga, sem medir as consequências desse procedimento irregular e, quiçá, criminoso.

Marta contemplava, apavorada, essa transformação radical que se operava em seu amante, abismo que se cavava a seus pés, hiante e tenebroso.

Que seria mais tarde desse desgraçado?

Acabaria nalgum manicômio ou no cárcere.

Conselhos, não os aceitava e até se enfurecia quando Marta o advertia de que era preciso proceder com mais prudência e ponderação.

Saía pela manhã e voltava no outro dia, de madrugada.

Já não dormia quase. O jogo e a vida de dissolução a que se habituara, desde o tempo de estudante, fascinavam-no.

Ela só conhecia Fábio, por assim dizer, superficialmente. Nunca lhe penetrara a conduta, o espírito, o coração.

Ele soube, como bom sedutor que era, coonestar, nos primeiros tempos, aos olhos da amante, o seu procedimento com o sacrifício, enorme para ele, de uma vida metódica de alguns meses.

Mas os antigos hábitos venceram-no, revelando-o em toda a plenitude de seu caráter abjeto e repulsivo.

* * *

Apesar de tudo, Marta ainda o amava!

E por que não ser assim, se essa afeição vinha de experiências pretéritas, acentuando-se através do tempo e do espaço, para um dia, no esplendor de uma vida verdadeiramente cristã, de lutas, sacrifícios, humildade e modéstia, atingir o ápice de sua trajetória?

E é assim — pelo amor, pelas afeições imortais, pelas simpatias indecifráveis que apagam, no decorrer das vidas sucessivas que os Espíritos têm, toda a lembrança de crimes perpetrados outrora, na escuridão de uma existência que se perde na poeira dos séculos extintos — que a Providência vai unindo, fraternizando todas as humanidades pelos tempos afora.

Dizemos humanidades porque acreditamos na pluralidade dos mundos habitados, o que, aliás, não é novidade, dadas as revelações da ciência dos Espíritos, como os últimos trabalhos do saudoso matemático francês Camille Flammarion, a maior glória da moderna Astronomia.

E também, como conceber o infinito semeado de astros coruscantes tão somente para gáudio da imaginação ardente dos poetas?

Tudo na natureza tem seu fim providencial. E o que a nossa inteligência não pode compreender, o tempo, as observações mais acuradas e os conhecimentos adquiridos se encarregarão de nos demonstrar de maneira categórica e insofismável.

É o que tem acontecido com todas as descobertas e invenções que, a princípio debuxadas e logo escarnecidas e seus autores acoimados de visionários, marcaram, depois, gloriosas etapas no desenvolvimento científico-filosófico da mentalidade humana.

Há tanta harmonia, tanta grandeza, tanta sabedoria na obra gigantesca da Criação, que o nosso espírito, ao descobrir-lhe uma nesga pequeníssima, insignificante mesmo, se sente maravilhado, verdadeiramente assombrado!

E dizer-se que os sóis rolando no espaço, as estrelas palpitando nas suas órbitas, sem jamais infringirem as leis da mecânica celeste; a lei de atração e repulsão que os mantém em seus lugares, impedindo-os de se precipitarem uns sobre os outros; a formação dos mundos pela conglomeração da matéria cósmica; o éter, em vibrações, transmitindo-nos a luz que fecunda e ilumina, através de bilhões de léguas; e, descendo, a Terra com a sua flora e a sua fauna variadíssima, ofertando ao homem os meios para a subsistência e conservação da espécie. Finalmente, como falar ao ser humano nas lutas que deve sustentar pela pureza de seu corpo espiritual, de seu princípio inteligente, o organismo nosso, sempre alerta, sempre vigilante, com seus leucócitos em linha de defesa para destruir os arrojados e microscópicos invasores, como se, àqueles, movessem aclarados dons de inteligência apreciável! E dizer-se que tudo isso é produto das forças caóticas da natureza!!!

Como é cega a criatura, vaidoso o homem, que prefere reconhecer-se filho de cegas combinações a dizer-se efeito inteligente da Causa inteligente que tudo cria e governa!

* * *

Marta, a despeito de seu amor, de sua terna afeição, de seus carinhos, não conseguia reconduzir o amante à vida pacífica e venturosa dos primeiros meses. Cada dia que passava era mais uma desilusão acrescida ao já grande número de decepções sofridas.

Por fim, deixou-o de mão, mas não esquecia as boas oportunidades, que raramente se lhe ofereciam, para exortá-lo ao comprimento de seus deveres.

Trabalho vão.

Fábio se deixara empolgar pelo jogo, pelas mulheres e pelo álcool.

Perdera, de um dia para o outro, o regular conceito de que ainda gozava no seio de sua classe.

Já não tinha clínica, ninguém o procurava mais.

Seus pais, cansados de escrever, resolveram também deixá-lo à mercê de suas inclinações.

O mundo que o ensinasse — diziam.

E esse desejo se cumpria fatalmente.

Quase um ano era já passado que Fábio trouxera Marta do Norte. Os primeiros meses, já o sabe o leitor, foram de paz, de harmonia e de afeto, como sói acontecer em casos idênticos. Satisfeito o desejo represado e por isso mesmo mais excitado, vêm, fatalmente, o tédio, os desgostos, os arrependimentos tardios e dolorosos.

Os poucos haveres de Fábio, o jogo e as mulheres os consumiram.

Viu-se um dia sem dinheiro para o bonde.

Apelou para os amigos.

Ninguém o quis atender, alegando motivos que em ocasiões tais não faltam nunca.

Que fazer?

Sentou-se em um banco, no Passeio Público, e começou a pensar em sua vida.

Via agora o quanto era triste e penoso a um homem recorrer aos estranhos. E ele bem podia ter evitado semelhante fracasso.

Iria à roleta, aventuraria reaver parte do que lá deixara. Mas onde o dinheiro?

Apalpou os bolsos. Nada.

Nisso, dá ligeira pancada na testa e esboça um sorriso de satisfação idiota.

Fixou os olhos no indicador da mão direita. O seu anel simbólico.

Daria quinhentos mil réis a olhos fechados.

Correu a uma casa de penhores, na rua Luís de Camões.

Entrou.

No guichê de uma tela de arame colocada sobre o balcão, faiscavam os olhos pequeninos do agiota.

O homenzinho de olhar brilhante e cobiçoso não falou, mas sorriu de maneira especial, toda sua.

Fábio perdera, momentaneamente, o uso da palavra.

Pensava em sua triste situação.

Nunca se vira em tal contingência.

Virou-se para a rua.

Gritos e pregões de peixeiros, verdureiros, doceiros, etc., enchiam as imediações de uma balbúrdia infernal.

Mais longe, o rodar das carruagens, o barulho dos bondes, das carroças, o grito fanhoso da sirena dos jornais.

Fernando do Ó

Era a vida, a vida que esmagava o preguiçoso, aniquilava o vagabundo.

Volveu de novo os olhos para o interior da casa de penhores.

Faiscavam ainda os olhinhos expressivos do agiota, que continuava a sorrir.

Fábio, decidido, tomou a sua resolução: estendeu o anel para o negociante.

Este mirou-o e remirou-o, dando-lhe voltas e mais voltas sobre a palma das mãos.

Pegou em uma lente e examinou atentamente a gema.

O anel custara um conto e quinhentos, mas Fábio se contentava com um terço de seu valor.

— Quinhentos mil réis pelo prazo de 15 dias — disse o agiota.

— Aceito — respondeu Fábio, sem vacilar, ansioso para abandonar aquela casa.

— Assine — e estendeu-lhe um contrato.

O infeliz assinou-o, recebeu o dinheiro, satisfez todas as formalidades e retirou-se apressadamente, como se receasse arrepender-se do que havia feito.

O agiota ainda sorria...

11

Iniciara-se mais um triste capítulo da vida de Marta. Começaram os credores a visitar-lhe a casa com uma insistência irritante.

Ela, que era obrigada a declarar a todos que o amante não estava, ainda não tinha passado por essa dolorosa fase da vida. Por isso, sentia-se, cada vez que algum credor batia à porta, acabrunhada e triste.

Quando — e agora Fábio acentuava muito a sua ausência —, nas poucas vezes que Marta podia falar ao companheiro, pois ele chegava quase sempre alcoolizado, e aludia às visitas do senhorio, do vendeiro, etc., recebia dele a invariável resposta:

— Pois vende o que tem aí... não tenho mais dinheiro nem meios para arranjá-lo. Estou "pronto".

Após as repetidas cenas, a desditosa mulher caía em tal estado de abatimento moral que inspirava compaixão.

Um dia, um dos credores mais exigentes, o senhorio, chegou mesmo a ameaçar pô-la na rua se não pagasse os quatro meses de aluguel da casa.

Nesse dia, a infeliz não pôde alimentar-se, tal desespero que aquela cena provocara.

Já não se iludia mais no tocante ao futuro que lhe estaria reservado.

Marta

E nessas ocasiões, então, evocara a figura serena e mansa de Martinho, pedindo-lhe mentalmente que não a abandonasse em tão amarga conjuntura, como havia prometido naquela tarde memorável nos fastos de sua vida acidentada em que lhe aparecera em Espírito. Sentia-se, logo depois de seus apelos, como que impregnada de eflúvios tão salutares que tranquilizavam um pouco sua alma atribulada.

Não lhe restava dúvida nenhuma de que Martinho efetivamente morrera e de que a sua alma caridosa e boa a cercava continuamente, insuflando-lhe pensamentos de coragem, resignação e paciência.

Em uma noite, em uma dessas noites em que sua imaginação exaltada estivera a fantasiar quadros dantescos, nos quais ela, Marta, aparecia sempre como principal protagonista, sonhou que Martinho, tomando a sua mãozinha, convidou-a para sair com ele em rápido passeio.

Aquiescera alegre e feliz, mas não deixara de perceber notável transformação em seu grande amigo, o que a intrigava sobremodo.

Seu semblante, outrora grave e enérgico, era agora de infinita doçura, de surpreendente beleza, incomparável, como se divino artista, ao surpreender o Criador dos mundos a dar os últimos retoques ao rosto angélico de um querubim, lhe roubasse o segredo das belezas eternas e, de posse de tamanho tesouro, aperfeiçoasse, com um buril de ametistas, rubis e fulgores de estranhas alvoradas siderais, os traços e as linhas do seu inesquecido Martinho.

No exame de conjunto, mais se acentuava essa metamorfose que se operara no sertanejo.

Suas vestes, brancas, de uma brancura luminosa, eram vaporosas e flamantes, de tessitura sem igual.

Tinham irradiações ora verdes, solferinas e azuis, ora alaranjadas, de um amarelo esbatido, de um vermelho de rubis.

Seus gestos eram de graça infinita e de gravidade que inspiravam respeito e admiração.

A voz tinha a harmonia dos concertos ignotos das esferas celestes.

Quando olhava, o olhar era de uma mansuetude e bondade indizíveis.

Ela não cessava de fitá-lo, entre confusa e admirada.

Martinho conduzia-a, a princípio vagarosamente e, depois, celeremente, pelas ruas e praças mergulhadas no silêncio da noite alta.

Marta — coisa notável! — não caminhava; deslizava ao lado de seu protetor.

A certa altura de sua peregrinação noturna, começou a subir, somente ao impulso de sua vontade, que adquirira, influenciada por Martinho, um poder extraordinário.

Seu companheiro não lhe dizia palavra, sorria apenas, mas esse sorriso era bem o atestado eloquente de uma felicidade suprema.

Ela, intimamente, invejava a sorte do companheiro, ao mesmo tempo em que se envergonhava e chorava interiormente, ao relembrar as próprias faltas, sobretudo a sua enorme ingratidão para com o ente que tanto a amara.

E quando esses pensamentos a assediavam — estranho fenômeno! —, o semblante do amigo assumia um aspecto de amargura sem par!

Como poderia ele perscrutar os seus mais secretos pensamentos?

Só o soube mais tarde.

Passaram, voando, por sobre a grande cidade, em cujo seio misterioso se desenrolavam, todos os dias, dramas e tragédias, comédias e pantomimas, ora na sombria mansarda do operário, na trapeira do infortunado, na água-furtada dos anônimos sofredores; ora nos opulentos palacetes dourados, nos bairros aristocráticos, nas vilas suntuosas.

Desceram sobre enorme casarão. Atravessaram o portão, o vestíbulo e todas as dependências da casa, sem o concurso de outros meios que não os de sua própria vontade.

Penetraram vasto salão tomado completamente de leitos muito brancos. Era uma das enfermarias de um hospital.

Alguns dormiam. Outros gemiam. Muitos choravam.

Marta

Penetraram em outro pavilhão.

Diversos enfermos, sentados, pensavam tristemente em sua vida, no silêncio aterrador daquele edifício sombrio, de feia arquitetura.

Passaram a outros pavilhões — os mesmos quadros de pungentes amarguras.

Por fim, subindo um pouco, acharam-se em amplos quartos elegantemente mobiliados, onde repousavam os ricos que podiam pagar aquele conforto e bem-estar.

Em todos os quartos, havia uma enfermeira ou enfermeiro, velando à cabeceira do enfermo.

Descendo, encontraram-se no pavimento térreo.

Atirados sobre camas desalinhadas e feias, jaziam os desgraçados que se achavam atacados da chamada peste branca,[2] para combate da qual a velha ciência de Hipócrates ainda não achou armas capazes, apesar de as procurar há séculos!

Marta nunca imaginara que pudesse haver tanta infelicidade e miséria sobre a Terra!

— Adiante! — disse simplesmente o companheiro.

Voaram e, daí a instantes, estavam em um manicômio.

Cenas comovedoras presenciara a infeliz mulher de Martinho.

Em seguida, entraram em um tugúrio onde os habitantes dormiam.

Em um colchão de palhas, já moídas, dormitava um casal.

Mais além, num montão de serragem coberto por um trapo de estopa, dormiam, em promiscuidade, três crianças de idades diferentes. Em outro compartimento, ficava a cozinha, totalmente desprovida. Viam-se vestígios da última refeição: pratos, ainda por lavar, indicavam que aqueles infelizes haviam comido algumas

---

[2] N. E.: Nome popular da tuberculose. Doença grave, transmitida pelo ar, que pode atingir todos os órgãos do corpo, em especial os pulmões. O micro-organismo causador da doença é o bacilo de Koch, cientificamente chamado *Mycobacterium tuberculosis*. Com a descoberta da estreptomicina (SM), em 1944, seguida pela da isoniazida (INH) e pela do ácido para-amino-salicílico (PAS), iniciou-se a era quimioterápica da tuberculose, descobertas contemporâneas deste romance. Daí a referência do narrador ao fato de ainda, à época, não haver cura para esse mal.

colheres de caldo de um osso que jazia a um canto, coberto de formigas, e acolá cem gramas de farinha.

Saíram.

Entraram, depois, em suntuoso palacete à beira-mar.

Salas atapetadas, quartos luxuosamente mobiliados, cozinha farta e adega opulenta atestavam a vida dos moradores daquela esplêndida vivenda.

Na alcova, numa cama de bronze com espelhos de cristal, dormiam duas pessoas, afogadas nas ondas caprichosas de alvos lençóis de linho irlandês.

Perto, em um berço de igual espécie, sonhando com os anjos do céu, um bebezinho rosado dormia placidamente, mergulhado em riquíssimas rendas e fitas.

Deixaram o palacete e, voando sempre, prestes se acharam em um salão simplesmente adornado, onde uma multidão — homens, mulheres e rapazes imberbes — se acotovelava em volta de uma mesa.

Jogaram, atirando sobre números graúdos, que se desenhavam em um pano verde, montões de moedas metálicas ou de cédulas amarrotadas.

Marta olhou para os presentes, penalizada, e qual não foi a sua surpresa ao descobrir no meio deles, com os olhos fixos em um algarismo qualquer, a figura, agora envelhecida, do amante.

Não conteve o grito, mas Fábio e as demais pessoas que ali estavam jogando não perceberam.

Martinho fitava-o, porém, compassivo, bondoso e indulgente.

Marta pôde ver quando seu amante, num gesto de desespero, atirou para o número 8 todo o dinheiro que tinha consigo, o resto do que lhe valera o anel simbólico na casa do agiota.

E ficou esperando.

Ela se sentia angustiada, presa de enorme comiseração pelo desgraçado.

Teve ímpetos de pedir a Martinho que o amparasse naquele transe, mas conteve-se.

Fábio perdera o resto do dinheiro e, soltando uma blasfêmia que provocou risos entre seus pares, abandonou a sala de jogo e foi sentar-se mais adiante, a uma pequena mesa onde deu começo às libações.

Saíram e, depois de visitarem alguns outros sítios da nova Babilônia, dirigiram-se para casa.

Em ali chegando, assim falou Martinho:

— Tatinha, de tudo que viste e observaste, só uma coisa ressalta em toda a sua plenitude: a dor. Aonde quer que vás, seja no palácio do argentário, seja no tugúrio do desgraçado, a dor tem seu lugar. Há, às vezes, menos mágoas na trapeira do infortunado que nos ricos aposentos do milionário, porque a dor tem múltiplas e variadas modalidades.

"Aqueles que viste sobre o leito dos hospitais, abandonados e tristes, foram ricos e poderosos em vidas que se perdem na noite dos evos, e essas opulentas personagens que encontraste em alcovas perfumadas pobres foram em existências transatas. Nenhum deles soube fazer uso de seu livre-arbítrio. Ao pobre cumpria ser resignado, humilde e honesto; ao rico impunha-se o dever indeclinável de assistir os miseráveis nas suas horas de penúria e de solidão. Não souberam, entretanto, interpretar, à luz da razão e da consciência, a vontade do Eterno. E assim a humanidade se vai afogando nesse oceano tormentoso de miséria e baixeza, até que, pela dor — camartelo que Deus sabe manejar para desbastar as arestas dos imperfeitos —, possa um dia compreender que se deve auxílio mútuo, oportuno.

"Tudo tem a sua razão de ser à face da Terra. Cumpre, pois, Marta, o teu dever. É mister que trabalhes muito para a suprema redenção de teu espírito. Quando sofreres, lembra-te de que, por esse mundo afora, nos espetáculos que se desenrolam em suas cenas mais pungentes e mais patéticas, existem sombrias personagens bem mais desgraçadas do que tu. Que a lição de hoje te sirva de estímulo e de exemplo no resto da vida planetária que te falta vencer."

E, dizendo isso, depôs-lhe na testa fria um longo beijo ardente e puro, que não lhe despertou, como outrora, no longínquo recanto em que nascera, sentimentos menos dignos, mas desejo supremo de desprender-se para sempre do charco nauseabundo da vida material.

Fernando do Ó

E partiu, lançando-lhe um sorriso que era todo um poema de bondade, meiguice e perdão.

E ao alar-se para o Infinito, pela força poderosa de sua vontade, teve fugitivas transfigurações de deslumbrante efeito, que Marta contemplava atônita e confusa, num respeito que atingia as fronteiras da adoração.

* * *

Quando acordou, as claridades fortes do dia penetravam-lhe a alcova, agora deserta para seu espírito como um lugar em que a saudade tivesse armado a sua tenda para sempre.

Uma forte pancada na porta avisou-lhe que alguém lhe queria falar.

Abriu a janela.

Era o dono da casa — um velho obeso e suarento, com pesada corrente de ouro atravessando toda a formidável extensão de seu fantástico abdômen.

Marta abriu a porta.

O senhorio entrou sem-cerimoniosamente.

— Como deve saber a senhora — começou —, resolvi não mais esperar. Assim, venho saber como hei de proceder. São quatro meses de aluguel à razão de duzentos e oitenta mil réis — um conto e cento e vinte mil réis.

— Senhor — respondeu ela meio serena, aparentemente tranquila —, não tenho dinheiro para satisfazer esse compromisso. Tenho objetos de valor, mas nenhum me pertence, são de meu marido, de maneira que não posso lançar mão de nenhum deles...

— Mas — atalhou o rotundo senhorio — que diabo de marido é esse que não vem a casa nem procura solver compromissos?

— Perdão — disse ela —, o senhor não tem o direito de conhecer a vida privada de quem quer que seja.

E, arrancando do dedo o anel de brilhante que seu pai lhe dera no dia em que terminara os estudos e que custara cinco contos de réis, atirou-o para o proprietário, declarando com dignidade:

Marta

— Senhor, esse anel que aí vê custou cinco contos e dou-lhe por cinco meses de aluguel desta casa. Serve?

O senhorio piscou os olhos e, com o ar de entendido em assuntos tais, virou e tornou a virar o anel, procurando fazer incidir os raios do Sol sobre a gema.

— Está bem, aceito, logo lhe mando os recibos selados de acordo com a lei.

Marta ficou a olhá-lo, enquanto duas lágrimas, sem que delas se apercebesse, lhe rolaram ao longo das faces desbotadas pela dor e pela desventura.

E o atarracado homenzinho caminhava na rua, libando o gozo infernal de desumana ambição, olhando ainda o anel que a infeliz criatura lhe dera por alguns meses de tranquilidade.

12

No outro dia, vários outros credores se lhe apresentaram.

Marta não sabia que fazer para atender a tantos compromissos que Fábio não solvia.

Além de não aparecer em casa, senão raramente, quando o fazia, era quase que invariavelmente alcoolizado.

Perdera, por completo, a noção da dignidade.

Para ele, não existiam mais sentimentos enobrecedores, pois que rolara, caíra tanto, que impossível lhe era agora um gesto de superioridade moral.

Marta já se lhe tornara perfeitamente dispensável: um tropeço e um obstáculo. E assim, nem mesmo nela pensava mais.

Uma mulher que havia abandonado o lar para o seguir cegamente, que queria mais?

Que procurasse a vida como entendesse e quisesse.

Vendesse tudo, pagasse as dívidas e procurasse destino, visto que o dele era aquele mesmo: beber e jogar.

Era o que, por fim, a coitada ia fazendo.

Depois de nada mais ter que penhorar para comer, viu-se sem pão!

Santo Deus, como é horrível a fome! E ela que nunca experimentara essa tremenda sensação de vacuidade em seu estômago delicado!

Marta

Agora avaliava bem o quanto devem sofrer os que se passam pela vida obscuramente, na negrura infinita da desgraça!

Olhava para todos os recantos da casa, na esperança de encontrar alguma coisa com que pudesse fazer dinheiro para comprar o que a natureza lhe exigia, o que as vísceras reclamavam sem compaixão.

Mas era tudo em vão!

Tudo quanto podia dar dinheiro, já os credores haviam levado, e o resto já fora penhorado!

E agora tinha a acrescentar à sua mísera situação a falta de teto para dormir.

Que fazer, santo Deus?

— A única solução é o suicídio — pensava.

Mas, quando assim raciocinava, uma voz secreta, vaga, misteriosa e indecifrável a advertia de que não podia dispor de uma coisa que, se de fato lhe pertencia, só a Deus era lícito pôr termo.

Não fizera tanta gente sofrer, inocentemente?

Agora achava, na mesma estrada da vida, longa e sinuosa, quem lhe fazia passar por semelhantes provações.

Que suportasse com coragem esses duros, mas reabilitadores reveses da sorte.

A fome, porém, era forte, e o pão lhe faltava.

Resolveu, pois, abandonar a casa, com o único vestido que ainda lhe restava.

Era tarde.

Pelas ruas deslizavam, cabisbaixos e silenciosos, os operários que traziam no sacrário da alma a imagem do lar, os eternos escarnecidos dos gozadores da vida.

Era a hora do grande movimento das fábricas e das oficinas.

Cada portão desses estabelecimentos despejava para a rua verdadeiras multidões de homens, mulheres e crianças.

Marta deixou-se ficar no portão de sua casinha, a olhar essa gente que se agitava e se movia na luta tremenda pela vida!

Teve medo dessa gente, dessa cidade, dessas ruas, de tudo que a cercava, enfim.

Fernando do Ó

Apavorava-a a febre de trabalho que empolgava todo aquele povo.

Mas resolveu sair.

Que se cumprisse mais uma vez o seu destino cruelmente ingrato.

Os vizinhos, que já estavam, pelas conversas indiscretas das esquinas, a par dos acontecimentos, olhavam-na, uns penalizados, outros riram-se, à socapa, zombeteiramente, quando ela passava.

Os primeiros tinham razão de sobra para se mostrarem penalizados em face daquela mulher sofredora e estranha que um dia, aparentemente feliz, surgira ali, encantadora e elegante, rica e admirada. Marta era a sombra do que fora: magra, precocemente envelhecida, tinha o aspecto geral de mulher de quarenta anos, quando, em verdade, andava pelos vinte e poucos.

A dor moral deixa vestígios mais profundos, sulcos mais acentuados na alma e que se refletem no físico do que a dor corporal, o sofrimento que ataca a vestimenta carnal do Espírito.

É que, em tudo, só quem sofre é o eu imaterial, a alma na sua acepção grandiosa.

A dor moral imprime ao corpo a expressão do sofrimento, que o envoltório físico guarda para sempre, mas a dor propriamente dita leva à alma a impressão pungente e dolorosa da matéria que recebe.

Os cadáveres, esses não sentem.

Marta saiu, sem destino, ao acaso.

Na primeira esquina, um soldado dirigiu-lhe uma graçola que ela fingiu não ouvir.

Era a primeira farpa que lhe vinha ferir no turbilhão da vida citadina.

E foi caminhando, caminhando...

Anoitecia agora.

Os combustores de gás lançavam confusas claridades pela grande metrópole.

O movimento era enorme nas ruas e nos passeios.

Às vezes, transeuntes despreocupados lançavam olhares demorados à inditosa criatura.

Marta

As crianças que brincavam de ciranda nas calçadas riam à sua passagem. Ela, porém, não via nem ouvia.

Tinha o desejo ardente de achar-se a sós com a sua imensa desventura, no entanto, quanto mais caminhava, tanto maior era o movimento e infindo lhe parecia o trajeto.

Dobrava ruas, contornava quarteirões, cortava avenidas, mas não encontrava um lugar mais ou menos deserto para repousar um pouco e pensar na sua mísera sorte.

Sempre o mesmo movimento, sempre os mesmos olhares indiscretos e, às vezes, atrevidos ou indiferentes.

Momentos havia em que parecia ouvir alguém que, misteriosamente, lhe traçava o caminho a seguir. Olhava, furtivamente, em derredor, mas não descobria vestígios de quem quer que pretendesse dirigi-la. Multiplicava, então, os passos com a esperança de encontrar algum sítio menos frequentado.

Anoitecera completamente.

E Marta caminhava sempre.

Por fim, achou-se defronte de enorme portão de ferro, extremamente pesado, que fechava a entrada de grande logradouro público.

Reunindo todas as suas forças físicas, empurrou-o. Cedeu um pouco. Entrou. Avançou timidamente uns cinquenta passos e ocultou-se num grupo de copados arbustos.

Estava na Quinta da Boa Vista.

Marta deu longo curso aos mil pensamentos que lhe fervilhavam na cabeça como se fossem outras tantas víboras a devorarem a massa cinzenta de sua periferia cerebral.

Fez demorada recapitulação da vida, desde os tempos colegiais até aquele transe doloroso por que passava.

Como fora leviana, imprevidente e, sobretudo, ingrata, abandonando afeições tão puras, tão sinceras, para seguir um homem sem alma, sem coração!

Agora era tarde, tarde demais, excessivamente tarde, para retroceder.

Seus pais talvez já tivessem morrido e, para essa morte prematura, ela fora o principal fator, não lhe restava dúvida nenhuma.

E seu filhinho, pobre ser inocente, vítima indefesa de sua terrível culpa.

Teria morrido?

Só Deus o sabia.

Marta pensava agora no dever, na tarefa nobilitante e sublime das mães.

E ela, a desonesta, a impura, renegara o doce nome de mãe e não quisera cumprir essa missão que necessariamente a lavaria de todas as culpas.

O amor materno seria a sua suprema redenção, e esse sentimento remissor tanto mais alto a alcandoraria quanto mais entranhado fosse o seu afeto pela criaturinha que Deus lhe confiara e que penetrara no cenário empolgante da vida pela mão treda[3] do crime.

Quando todas as mulheres compreenderem que o papel mais belo que a Providência lhes reserva é o de ser mãe, de serem forjadoras pacientes e incansáveis de caracteres que mais tarde se defrontarão na arena da luta pela vida, então esses desejos masculinizados de se insinuarem na vereda ingrata da politiquice sem freios não terão mais razão de ser, nem levantarão tanto celeuma nos círculos políticos das nações.

Somos pela emancipação da mulher, mas com restrições.

Achamos que as filhas de Eva, como são tratadas nos registros sociais, devem mesmo exercer empregos públicos que lhes não tiram, como pensa muita gente, a graça nem o sentimento de pudor; mas somos contrários à sua atuação política, por entendermos que não possuem a experiência suficiente para dirigir um Estado, nem representar, com a amplitude que se faz mister, uma corrente da opinião pública.[4]

Mas... prossigamos.

Marta meditava e, meditando, adormeceu, vencida pela fome, pela fadiga.

A brisa, ciciando na cabeça verde-escuro dos arbustos, agitava de leve os cabelos negros da pobre mulher.

---

3   N.E.: Traidora, traiçoeira (*Houaiss*).
4   N.E.: Vide nota 1, p. 21.

Marta

Nos seus lábios ressequidos, pairava um sorriso de infinita tristeza.
Seus seios flácidos moviam-se num ritmo quase imperceptível.
Às vezes, proferia palavras incoerentes, como se violenta febre lhe minasse o organismo combalido.

Desde a véspera, não se alimentava, por isso tinha sonhos agitados, interrompidos bruscamente, de um salto, e em que se via ora na fazenda a morder os saborosos frutos do pomar distante, ora em úmida masmorra, expiando, pela fome, ao sorriso dantesco de um carcereiro gigante que a espreitava por uma abertura praticada na parede do cárcere, o seu crime horrendo, que a sociedade jamais perdoaria.

E nesses sonhos estranhos que refletiam, por vezes, o seu estado d'alma, passou a noite naquele canto quase desconhecido da Quinta da Boa Vista.

* * *

Amanhecera.
Marta, desperta, posto que ainda atirada sobre a grama verde que lhe servia de leito, pensava no que devia fazer, que caminho deveria seguir.

Ao cabo de algum tempo de profunda meditação, se é que os famintos podem refletir profundamente, a pecadora levantou-se e abandonou o logradouro público, tendo antes o cuidado de gravar bem no espírito aquele humilde local, ao qual talvez ainda recorresse mais tarde.

Caminhando com dificuldade, torturada pela fome, achou-se em um dédalo de becos e vielas onde latas de lixo, à porta das casas, aguardavam a passagem do encarregado da limpeza pública.

Caminhava e, às vezes, movida certamente pelo instinto de conservação, lançava olhares furtivos para esses montões de imundícies, na esperança — quem sabe! — de encontrar algum pedaço de pão que os cães ainda não houvessem farejado.

Vagueava, vagueava sempre...
Passou pela vitrine de uma confeitaria.

Fernando do Ó

Deteve-se.

Olhou para bolos dourados que descansavam em bandejas artisticamente enfeitadas.

Nunca em sua vida dera tanta importância àquela argamassa de glúten e amido quanto naquele instante.

E suas vísceras, em revolta, começaram a torturar a desgraçada.

Só faltavam gritar para o mundo exterior que queriam alimento, que queriam alguma coisa para devorar.

A faminta olhou para o interior da casa.

O balcão estava abandonado.

Não vacilou. Entrou e, dirigindo-se para o fundo da vitrine, estendeu a mão e furtou um dos pães.

Ia sair, mas alguém que a observava da calçada fronteira lhe deteve os passos.

— Grandíssima ladra, já p'r'aqui o pão! — berrou, colérico, um homenzinho baixo, rechonchudo, de olhos de tico-tico num focinho de suíno.

— Perdão, eu estava com fome — gemeu, desculpando-se, a famélica mulher.

— E por que não trabalhas tu, vagabunda? Agora vais haver-te com a polícia, que te ensinará como se trabalha, para não furtar.

E, chegando à porta, chamou o guarda-civil que a levou ao primeiro posto.

A infeliz foi recolhida a um compartimento escuro, onde ficou detida.

Passou o resto do dia encarcerada.

Sofria, agora, mais pela vergonha de sua falta que pela fome que a tiranizava.

À tardinha, um soldado da polícia foi à prisão e perguntou se já se tinha alimentado.

Respondeu que não.

O soldado pensava...

Saiu, deixando-a entregue à sua dor.

Passados alguns minutos, voltou com um pequeno embrulho que deu a Marta.

— Tome isto, mulher, e coma. Aí tem água. Amanhã irá embora, mas antes desejo falar-lhe.

E saiu.

Ela, com sofreguidão, abriu o pacote.

Continha alguns sanduíches.

Em dois minutos, devorou a frugal refeição com uma fome verdadeiramente canina.

E adormeceu depois, suando copiosamente.

***

Marta dormiu até a tarde, a sono solto.

Ao anoitecer, o mesmo policial lhe levou algum alimento, que ela devorou com a mesma sofreguidão.

Agora, sentia-se mais forte e quase se regozijou com a ação feia que cometera pela manhã, pois que ao menos lhe deram pão.

Feita a última refeição do dia, entregou-se aos pensares, como sói acontecer em tais ocasiões.

Não sabia para onde ir, depois que a pusessem em liberdade.

Ia vagar — era o destino.

Que se cumprisse, mais uma vez, a sua sorte dolorosa e mesquinha.

Pensou no soldado que tão bondosamente a socorrera, saciando-lhe a fome devoradora.

Por que procedeu assim? Por piedade, compaixão ou por qualquer intenção encoberta? Ou teria sido ordem que recebera do delegado que a interrogara pela manhã?

Não o sabia, nem o queria saber.

Era melhor assim.

E de novo se entregou às suas amargas cogitações.

Tão moça ainda, inteligente, com alguns conhecimentos literários e viver naquele estado deplorável de abandono e miséria!

Ia bater à primeira porta, no dia seguinte, a fim de pedir colocação. Era o recurso.

À noite, quase que não teve sono.

Dormiu pouco e teve pesadelos.

Sonhara com um monstro que a perseguiu há muitos anos e — coisa estranha! — essa horrenda personagem não lhe era de todo desconhecida! Conhecera-lhe alhures, mas quando, como?

Ignorava-o.

O que era certo, porém, é que a conhecia, mas de tempos imemoriais, de tempos longínquos.

E no sonho ele lhe dizia que a conhecera em séculos passados e, assim falando, mandou que Marta voltasse os olhos para trás.

E a ex-amante de Fábio voltou-se.

Viu, a um tempo longe e perto, como película cinematográfica, uma grande cidade europeia, do século treze, com a sua construção medieval, com os seus castelos feudais erguidos à beira-mar, imponentes e majestosos, com as ameias, com as torres, com as aberturas que pareciam ser os olhos sempre abertos daqueles gigantes de pedra.

E — coisa notável! — sem que fosse preciso locomover-se, achou-se no interior de um desses solares cujas tradições chegam aos nossos dias pela pena fecunda dos historiógrafos. Marta, porém, não era mais a mesma. Ao penetrar num desses casarões imensos, achou-se outra, talvez mais bela ainda, cheia de pedrarias que haviam custado somas fantásticas, vestida nos requintes da Idade Média e dona de tudo quanto seus olhos descortinavam.

Seria possível?

Mas, não, ela se sentia em plena posse de suas faculdades julgadoras.

E sem afastar-se um milímetro que fosse do lugar em que se achava, ao lado daquele monstro que a contemplava sorrindo, mas com um sorriso que certamente ele roubara aos trevosos habitantes do averno numa noite de festins diabólicos, percorria as galerias do castelo, os corredores, as salas d'armas, as criptas úmidas onde jaziam cadáveres mumificados em esquifes de bronze, entre os quais estava o dela, Marta, mas da Marta de outros tempos que ainda passava ali, com trajes antiquados e que lhe pareciam tão elegantes e de bom gosto inapreciável.

Marta

Como conceber semelhante metamorfose, como decifrar tamanho mistério?

Era obra, com certeza, daquele monstro que lhe sorria ao lado, repelente e horrendo!

Sim, não podia ser outra coisa. Eram sortilégios daquele ente infernal!

No entanto, ela caminhava pelo castelo...

Súbito, defrontou-se com a mesma entidade que estava ali ao seu lado, a qual, sem mais preâmbulos, beijou-a apaixonadamente na testa.

Era seu marido!

Deixou-o e passou adiante.

Mais além, outra personagem que se ocultava na sombra: agora era Fábio a lhe cortar o caminho.

Marta sentia-se bem, naquele instante.

Fábio estreitou-a nos abraços demoradamente e, em seguida, conduziu-a para os matos próximos, onde os esperavam dois magníficos cavalos árabes.

Cavalgaram-nos e, daí a pouco, na curva do caminho, sumiram numa nuvem de pó.

Depois, achou-se novamente no castelo onde a sua ausência havia despertado o maior espanto, os mais terríveis comentários.

Dentre todos os que se manifestavam surpresos pelo desaparecimento da castelã, um só apresentava os mais profundos sinais de amargura.

E esse era Martinho.

— Que pesadelo horrível, meu Deus! — murmurou Marta, acordando, banhada em suor.

Era ainda muito cedo, mas começava a clarear.

O barulho dos veículos, lá fora, era de despertar qualquer dorminhoco.

Alguém empurrou a porta de mansinho.

Era o policial.

— Bom dia, senhora. Como vai?

— Bom dia, senhor. Vou melhor, obrigada.

— Hoje será solta. Tem para onde ir?
— Não, mas vou procurar um emprego.
— Quer morar comigo? — perguntou, sem mais circunlóquios, o soldado.

Marta teve medo. Não respondeu.
— Com que fim o senhor me propõe ir para sua casa? — indagou ela, com medo.
— Para cuidar da senhora, que é bonita e não deve, por isso, expor-se às chalaças dos vagabundos. Lá não lhe faltará nada.
— Muito obrigada, senhor, pelo seu interesse, mas prefiro ir procurar uma colocação honesta. Sou-lhe muito grata pelo muito que me fez, mas estou resolvida a ganhar honestamente a minha subsistência. Rogo-lhe que não me queira mal por isso e não veja, nesse meu gesto, sinal algum de orgulho, ingratidão ou ofensa. Tenho sofrido muito e jurei comigo mesma não mais resvalar na estrada da vida. Ontem fui ladra, mas não o serei nunca mais. Se não tiver o que comer, suicidar-me-ei para não roubar. É destino, senhor, sofrerem as criaturas neste mundo.

Calou-se.
— Está bem, senhora, cumpra-se a sua vontade — respondeu finalmente o policial, retirando-se decepcionado e triste.

13

Marta fora mandada em paz, após vinte e quatro horas de reclusão.

Caminhava a esmo... sem destino...

Ora batia a uma porta, ora a outra, na esperança de encontrar uma colocação.

Ninguém a queria, todos já tinham criadas, copeira ou cozinheira.

Mas a desgraçada não desanimava: continuou a procurar uma casa que a aceitasse para trabalhar em serviços domésticos.

Recorreu a casas particulares, oficinas, fábricas, mas tudo em vão.

Em uma casa, no Andaraí, certa senhora feia, a quem chamavam D. França, teve muita pena dela, mas uma vizinha advertiu-a de que não caísse em tal, pois a desconhecida era mulher de bonito aspecto e bem poderia virar a cabeça de seu marido.

E D. França, concordando com o malicioso parecer da vizinha, fechou a porta à feliz Tatinha.

Marta recomeçou sua caminhada, aflita e sem esperança.

À tarde, sentou-se em um banco da Praça 15 de Novembro completamente exausta de fome e fadiga. Era noite quando voltou ao domínio de si mesma, pois que mergulhara em profundas e tristes reflexões. Julgava-se marcada pelo destino e monologava:

Marta

— Está escrito: sou demais no mundo...

Para essa conclusão pessimista contribuía o fato de que ninguém a queria e, quando a procuravam ou aceitavam, era para viver em pública desonestidade ou para fins inconfessáveis.

Teve asco da humanidade, de sua baixeza, egoísmo e maldade!

Ninguém a queria para o trabalho que santifica, enobrece e diviniza as almas, mas, se ela quisesse petequear com os últimos sentimentos de dignidade e de vergonha que ainda lhe restavam no coração, então, sim, essa sociedade que a repelia, que lhe negava trabalho, escancarava-lhe as fauces monstruosas dos prostíbulos e, de um empurrão, a atiraria nos braços do primeiro libertino que aparecesse.

Por isso — ela que prevaricara, que matara de vergonha uma família inteira — tinha repugnância dessa humanidade defeituosa, delinquente e má que a entregava ao léu da sorte.

No entanto, falava-se nessa mesma sociedade, muito amiúde, em atos de filantropia e caridade que a imprensa registrava em letras de forma.

E no "alto mundo" se realizavam todos os dias festas cujo produto era destinado a amparar os infelizes, os párias, os enjeitados da fortuna.

Mas essas festas — e Marta sorria amargamente agora — eram quase todas motivo de exibição ou um pretexto para os dramas passionais, para os encontros ilícitos.

E acobertavam, os hipócritas, todas essas baixezas, essas indignidades, essas misérias morais, essa podridão de caráter, no manto imaculado da maior de todas as virtudes que um dia Jesus pregara e exemplificara nos desertos e nas campinas da Ásia: a caridade.

E os mais hipócritas, os de consciência mais negra,[5] os que mais se interessavam pelos festivais, os que gastavam somas consideráveis nos rega-bofes dissimuladamente apresentados como oriundos das dobras daquele manto divino eram exatamente os que mais apareciam nos jornais, ao lado de artigos laudatórios traçados pela pena venal dos escrevinhadores de fancaria — eram os

---

5   N.E.: Vide nota 1, p. 21.

que, nas noites dos festivais, se escondiam na alameda dos jardins à espera da esposa leviana de seu melhor amigo!

Sim, ela, Marta, conhecia bem agora essa sociedade fina e aristocrática que a abandonava hoje, explorando-lhe, amanhã, na loucura de uma festa para os pobres, a triste condição social, a miséria de seu destino doloroso.

Era preciso morrer, acabar de vez com aquilo, com essa existência inútil e amargurada!

E por que não?

Alguém a poderia censurar por ter procurado a morte por suas próprias mãos?

A vida não lhe pertencia?

Porventura devia sofrer até a morte?

Não! Nunca!

Suicidar-se-ia, estava escrito no grande livro de seu fadário.

A sociedade lucraria com isso.

Era uma infeliz de menos.

Atirar-se-ia ao mar e só a este confessaria, na noite misteriosa da morte, a extensão infinita da sua provação.

O mar, melhor que a sociedade, sepultá-la-ia eternamente no seu seio augusto.

No lugar em que apodrecesse o seu corpo, outrora de beleza estonteante, não se ergueriam os braços de uma cruz para revelar, a quem quer que fosse, uma existência terminada.

Os peixes marinhos, os dominadores das águas profundas do oceano que ela um dia sulcara, feliz e venturosa ao lado de seu único e verdadeiro amor, banquetear-se-iam daí a algumas horas no seio glauco da formosa Guanabara.

Olhou em derredor.

A cidade dormia.

As barcas da Cantareira haviam suspendido suas viagens entre a capital e Niterói.

O movimento era escassíssimo.

De espaço em espaço, um vulto cortava a praça com passos rápidos.

Marta

Marta olhou para a própria roupa.
Estava suja e com alguns rasgões.
Talvez a tivesse rasgado na Quinta da Boa Vista.
Tinha frio, mas sua cabeça ardia em febre.
Os combustores de gás lançavam claridades baças sobre os passeios.
Num relógio próximo, soava a terceira hora da madrugada.
Os bondes recolheram-se, vazios, às estações.
Perto, a Guanabara se espreguiçava nos braços voluptuosos das ondas.
A ponte, onde as barcas atracavam, estava deserta.
Marta levantou-se.
Seus olhos tinham estranhas cintilações.
Encaminhou-se para a ponte. Pulou um gradil.
Achou-se a dois passos do Atlântico, que também parecia dormir.
Olhou-se mais uma vez. Contemplou as suas vestes.
Apalpou as suas carnes como para certificar-se do quanto emagrecera em poucos dias.
Duas lágrimas correram-lhe ao longo das faces.
Deu um passo mais.
Achou-se no parapeito da ponte.
Embaixo, onde a frouxa luz dos combustores de gás se refletia em danças caprichosas, rumorejava o oceano que banhava a cidade em pontos vários. Sons melancólicos de violinos que gemiam anunciavam que os felizes da vida, em saracoteios coreográficos, experimentavam doces sensações de venturas falazes. Os clubes, àquela hora, regurgitavam, e, ali bem perto, choravam criaturas no edifício sombrio do hospital.
É assim a vida: pontilhada de contrastes, recortada de lágrimas e sorrisos, de sorrisos e lágrimas.
E ela, por que nascera assim, tão infeliz?
Verdade que fora feliz um dia, mas desde então jamais sentira o sopro da mais efêmera ventura. Valeria a pena viver assim agora, cheia de vergonha, estiletada pela mágoa, ulcerada pela saudade de um bem que se esfumara há muito tempo, muito mesmo, no

horizonte escuro da vida? As dores que lhe chagavam o coração cessariam um dia e, depois, despertariam em sua dolorosa existência horas de tranquilidade?

Impossível, absolutamente impossível! Carregar até a morte o fardo pesado da vida — tal a sorte que a esperava, a menos que, no leito daquele pedaço de mar...

Não! Quê?!... Estaria louca? Perdera a faculdade deslumbradora do raciocínio? Como pensar em semelhante coisa, se a vida é tão boa, embora abundante em lágrimas? Que fazia ali, beirando o oceano?

O instinto a advertia do perigo.

Agora, mais perto, o choro triste do violino que soluçava sob a pressão do arco manejado por mão de mestre parecia-lhe um doloroso gemido de protesto contra a ideia negra[6] que, por instantes, lhe empolgara o espírito conturbado.

Embaixo, a água dançava sedutoramente, quase sem barulho. E ela, fitando a grande massa movediça, experimentava uma como que estranha fascinação, e seu corpo sofria estremecimentos inexplicáveis.

Marta se debatia numa dúvida tremenda. E quanto mais olhava o mar que cantava a seus pés, mais seus olhos se prendiam à luz baça dos combustores, a qual se refletia, em trepidações irritantes, no espelho inquieto das águas agitadas.

Às vezes, os reflexos que cabriolavam nas ondas assumiam proporções fantásticas. Adquiriam, como que por diabólico fenômeno, formas esquisitas e lhe pareciam entidades animadas de vida, a dançarem ao som nostálgico do violino que carpia ao longe.

E essa macabra coreografia perturbava-lhe os sentidos, entorpecendo-lhe os membros. Em dado momento, afigurou-se-lhe que todas as suas faculdades e potências anímicas se concentravam num recanto do cérebro: vivia só no crânio, agora!

Logo, as estranhas personagens começaram a falar em voz soturna e cavernosa, que ela parecia ouvir mais com o cérebro

---

6   N.E.: Vide nota 1, p. 21.

que pelos órgãos da audição. Eram Espíritos votados ao mal que a assediavam.

E exclamavam:

— Vem, infeliz! Atira-te para cá! Foge da vida, ó sombra de ser humano! Que apego é esse às convenções de uma sociedade que te enxotou de seu seio após a tua desgraça? Ouves? São os felizes da Terra que, na sua ventura de loucos ou egoístas, não sabem de tua existência nem ouvem os gemidos pungentes dos que choram ali no hospital! Que te reserva a vida? Provações dolorosas e nada mais! Vem, apressa-te enquanto as estrelas cantam nos nichos azulados do infinito! Vem!

Desembaraçar-se dos agasalhos de inverno e pôr-se de pé no parapeito da ponte foi obra de um segundo, mas quando, alucinada pelas dores, formava já o salto trágico, sentiu que alguém a agarrava por trás e de mansinho falou:

— Detém-te, desgraçada, porque a morte começa no berço e a vida no túmulo, quando se soube morrer e se sabe querer viver! Desperta! Olha para baixo e observa que, mais infeliz que tu, se arrastam na vida milhões de seres que Deus ou a natureza, como quiseres, colocou na Terra para ressarcir culpas antigas que vêm da noite misteriosa de vidas anteriores, sombrias e criminosas.

E quando cessaram essas palavras de evangélica doçura, ela se achou fora da ponte.

Olhou em derredor para descobrir quem ousara detê-la na última extremidade da vida.

Recuou um passo, lívida, de cabelos eriçados.

O dia começava a raiar.

Martinho, ou melhor, o Espírito de Martinho sorria ao seu lado, docemente.

Marta — passada que foi a primeira impressão — olhou-o demoradamente, sem articular palavra, sem mesmo mover os seus grandes cílios.

Ele, envolto em vestes vaporosas, sutis e luminosas, a sorrir, tinha o aspecto de um anjo redentor em missão naquele trecho silencioso da fantástica metrópole.

Fernando do Ó

— Por que, infeliz — falou o habitante do Invisível —, ias cometer tamanho crime? Sequer raciocinaste sobre a tremenda responsabilidade que assumirias com esse ato tresloucado? Não sabes tu que o suicídio é um duplo crime, porque, ao mesmo tempo que viola as sábias leis de Deus, corta a existência conferida a uma alma em provas para resgatar o passado de delitos? Queres fugir da vida para fugir da dor? Mas fugirias em verdade do sofrimento? Nunca! Nunca, minha doce amiga, minha pobre irmã! O que te faltasse em tempo, para complemento de tua existência planetária, levarias a sofrer em torturas mil, em virtude de tua culpa. Tal a sorte dos que não têm forças para suportar as provações da vida. Acompanha-me — disse ele.

E começou a caminhar, seguido por Marta. Cortou praças e dobrou ruas por muito tempo.

Súbito, parou à frente de grande edifício existente na Avenida Passos.

— Entra, pois que alguém te espera.

E, num gesto de larga proteção, desapareceu com a mesma subitaneidade com que lhe surgira.

Ela hesitou ainda, mas finalmente entrou e, guiada por estranha vontade, achou-se em pequeno compartimento da esquerda do pobre e desmobiliado casarão, no qual, no momento, eram atendidas algumas dezenas de pessoas.

Um homem lia.

Ao ouvir os passos de Marta, ergueu-se e lhe disse, risonho:

— Já vos esperava. Um Espírito, amigo desta Casa, pela mediunidade informou-nos há pouco de que alguém precisava de nós. Podeis, minha irmã, dizer-me a que vindes?

— Não tenho casa e sou uma desgraçada — soluçou Marta, cobrindo o rosto com as mãos emagrecidas.

O homem olhou-a com infinita compaixão.

— Aqui perto há uma hospedaria honesta. Levai este cartão e ide descansar. Amanhã sereis apresentada ao diretor da Assistência aos Necessitados.

Marta estava sob a proteção da Federação Espírita Brasileira.

Marta

A pecadora encaminhou-se para a hospedaria que o homem lhe designara.

Meio envergonhada, acanhada mesmo, olhou o quarto.

Estava guarnecido com simplicidade: uma mesa, um lavatório e uma jarra de vidro com água.

Tirou a roupa e deitou-se.

Dormiu profunda e confortadoramente.

Era a primeira vez que o fazia após ter abandonado a casinha de São Cristóvão, onde passara dias de relativa felicidade.

O estômago já não a torturava tanto. Parecia-lhe que uma onda de fluidos regeneradores a envolvera docemente, após se ter defrontado com o Espírito generoso de Martinho.

* * *

No outro dia, Marta foi apresentada ao diretor da Assistência aos Necessitados, um velho oficial da Armada Brasileira, com seu semblante a um tempo grave e benévolo.

O homem da véspera explicou, em duas palavras, a comunicação que lhe fora dada por um Espírito amigo da Casa e o aparecimento de Marta.

O velho ficou pensativo.

— A D. Raquel — disse por fim o diretor —, há algum tempo, procura uma senhora séria para cuidar do filhinho que adotou.

— É verdade, falou-me nisso — confirmou o outro.

— Está bem. Tomemos um carro e vamos até lá. Se ela já estiver servida, conseguiremos alguma coisa para a nossa irmãzinha.

Dizendo isso, foi até a rua e chamou uma carruagem.

— Venha, minha irmã. Vai para a casa de uma família espírita e fique desde logo segura de que se dará perfeitamente. São duas boas almas esse casal com quem vai morar. Venha.

E, tomando-a pelo braço, com ar paternal, levou-a até o carro.

O veículo pôs-se em movimento.

Não fazia ainda quinze minutos que a carruagem rolava pelas ruas do Rio de Janeiro, quando um acontecimento imprevisto a fez parar.

Fernando do Ó

Grande multidão acercava-se de um bonde.
— Que foi isso? — perguntou o diretor ao cocheiro.
— Parece que o bonde apanhou alguém — disse o último.
— A senhora dá-me licença? Vou inteirar-me do ocorrido.
E o velho apeou.
Marta, sem saber por que, sentia-se presa de indizível angústia. Tinha a impressão de que alguma desgraça a atingia.
E nessa dolorosa expectativa aguardou a chegada de seu protetor.
Passados uns cinco minutos, o velho voltou.
— É uma verdadeira calamidade — disse, entrando para o veículo que, à sua ordem, dera volta para seguir por outra rua — o que acontece no Rio de um tempo a esta parte. O suicídio se alastra assustadoramente.
— Suicidou-se alguém? — inquiriu horrivelmente pálida a pecadora.
— Sim — respondeu-lhe o diretor. E desta vez foi um homem que tinha bastantes conhecimentos para saber o que fazia. Disseram-me alguns policiais — continuou o companheiro de Marta — que levavam para a casa de detenção um homem que ferira a outro numa casa de jogo, por ter sido por este surpreendido quando roubava algumas fichas. Levavam-no preso, quando, em dado momento, o infeliz se atirou sob as rodas de um bonde que corria com alguma velocidade.
— Meu Deus! — exclamou Marta, horrivelmente pálida.
— O bonde — continuou o seu interlocutor sem reparar na palidez da moça — esmigalhou-lhe o crânio, e ele morreu instantaneamente. E o desgraçado era médico! Quanto desceu na vida!
— Era médico, disse o senhor? — perguntou Marta, levando a mão ao coração como para conter-lhe as pulsações desordenadas.
— Sim, o desgraçado era médico, e eu o conheci muito, quando ainda não se havia entregado à vida dissoluta que levava agora. Chama-se Fábio d'Alcântara!
— Morreu Fábio! — exclamou em desespero a desventurada, cobrindo o rosto com as mãos e caindo para trás, presa de uma síncope.

Marta

Quando o carro chegou à casa de D. Raquel, Marta já havia voltado a si do desmaio, mediante os cuidados que o bondoso ancião lhe prodigalizara, impondo-lhe a mão sobre a cabeça, em prece.

Desceram ambos.

O diretor tocou a campainha.

Abriu-se a porta, e uma senhora de meia idade, fisionomia franca e simpática, apareceu no limiar.

— Bom dia, D. Raquel.

— Bom dia, meu amigo. A que lhe devo o prazer dessa visita matinal? Mas... está acompanhado... Bom dia, senhora... Tenham a bondade de entrar.

Entraram e dirigiram-se para a sala. Em ali chegando, falou o diretor:

— D. Raquel, sei que a senhora precisa de uma dama de companhia ou, melhor, de uma pessoa para ajudá-la nos cuidados do menino. E esta senhora que me acompanha — e designou Marta que, a um canto da sala, pensava ainda no doloroso epílogo da vida de seu amante — foi, em circunstâncias muito interessantes, ter à Federação, e, como não tem onde "reclinar a cabeça", lembrei-me de trazê-la aqui, certo de que a receberá.

— Pois, meu caro confrade, não imagina o serviço que me vem prestar. O senhor não ignora quanta falta me faz uma pessoa que me ajude no meu novo encargo. Assim, não só aceito os serviços de sua recomendada, como lhe agradeço a lembrança. Ela estará aqui como em sua própria casa.

E, dirigindo-se a Marta:

— É aqui do Rio, senhora?

— Não, senhora. Sou da Paraíba.

— Ah!... — disse simplesmente a dona da casa.

— Cumprido o meu dever — disse o diretor —, retiro-me, pois os afazeres me reclamam a presença na Federação.

E para Marta, paternalmente:

— Minha irmã — permita-me que a trate assim, pois todos somos filhos de Deus —, desejo que se dê perfeitamente nesta casa, que é um lar verdadeiramente cristão. Quando quiser comparecer aos estudos doutrinários da Federação, D. Raquel poderá levá-la.

E, apertando a mão de ambas, saiu apressadamente.

Quando ficaram a sós, D. Raquel levou Marta a um quarto e disse-lhe:

— Senhora, aí tem seus aposentos. Descanse um pouco e logo, quando meu marido voltar do escritório, falaremos com mais vagar.

E saiu.

Marta ficou de pé, no meio do aposento, a pensar em tudo quanto lhe havia acontecido desde a véspera.

Como tudo se transformara!

Agora tinha onde dormir, o cantinho para meditar, o modesto prato e a honesta função.

Olhou para cima, com ar de quem agradece a proteção do céu, e murmurou:

— Obrigada, Martinho, pela tua caridade. Se existe, nesse mundo misterioso e profundo que embalde o meu espírito procura desvendar, um Deus de amor e misericórdia, esse Deus és tu, alma querida e boa! Martinho — continuou, meio exaltada —, não ignoras certamente a desgraça tremenda que me feriu há pouco! Pois bem, ampara esse homem infeliz que eu amei na Terra, esse homem que é o pai de meu filho, esse homem que, infelicitando-me, causou-te um dia a morte! Indulgente e misericordioso que és, não abandonarás na sua dor, estou certa, esse homem que é teu inimigo, mas que foi um grande desgraçado!

Marta calou-se, mas deu curso livre às lágrimas!

Como o tinha amado!

E Fábio, no entanto, jamais compreendeu a grandeza desse amor.

14

Marta, há cerca de um mês, residia em companhia de D. Raquel e seu esposo.

Afeiçoara-se logo ao filhinho adotivo do casal, uma criancinha de dois anos mais ou menos, morena, gorda e muito esperta.

Chamava-se Moisés.

Extremamente parecido com Fábio, Marta não o tirava do colo, querendo assim não só cultuar os trabalhos de mãe que ela repelira na cegueira de sua paixão violenta e funesta, senão também contemplar sempre, naquela inocente criaturinha, os traços que lhe evocavam no espírito a figura odiosa, mas sempre querida do único homem que amara realmente.

Momentos havia em que o coração se lhe enchia de inquietantes apreensões.

Ao olhar para a criança a que tanto queria, vinham-lhe vagos pensamentos, uma imposição esquisita que lhe lembrava ser aquela criaturinha o seu próprio filho.

Mas essas apreensões logo se extinguiam, ao se lembrar de que a família que a recolhera, tão afetuosamente, era dali mesmo do Rio e, com certeza, retirara a criança dalgum asilo de enjeitados ou de órfãos.

Marta

O que era certo, porém, é que Marta já amava, com verdadeiro e puro sentimento materno, o querido Zezé, como carinhosamente o chamava.

D. Raquel não deixava de perceber essa profunda afeição que Marta votava ao filhinho e até mesmo nisso se comprazia, já que, por intermédio dessa criança, fácil lhe seria encaminhar aquela sofredora criatura para os conhecimentos sublimes do Evangelho.

Emprestara-lhe mesmo livros espíritas, que Marta lia com o maior interesse e entusiasmo.

E essas obras foram trabalhando a sua alma de tal forma que, em pouco tempo, discorria com proficiência sobre assuntos transcendentais de filosofia espiritualista.

Foi, então, que uma multidão de fenômenos, outrora atirados para o domínio do maravilhoso, teve para ela explicação lógica e natural à luz da ciência espírita.

Compreendeu, finalmente, que as risadas ouvidas no passado partiam de Espíritos trevosos que se rejubilavam com os sofrimentos dela.

Eram inimigos de outras encarnações, de vidas anteriores, de existências pretéritas, que o pó dos séculos amortalhara.

E o monstro que em sonho lhe mostrara a outra Marta do século treze era o Espírito de um homem com quem se havia ligado em matrimônio.

Percebeu, ainda, por que amava tanto Fábio.

Eram afeições que o decorrer dos séculos cimentara!

E Martinho?

Era uma personagem obscura no drama infinito de suas vidas escabrosas.

Não era outro senão o monstro, a sinistra personalidade que lhe sorriu em sonho, no castelozinho.

O estudo, pois, do Espiritismo rasgara-lhe novos horizontes, fazendo ver como a Justiça divina atinge o culpado no tempo e no espaço.

Sim, ela buscaria, na noite longínqua dos séculos mortos, os prevaricadores, os maus, os infratores da lei, os transgressores dos dispositivos luminosos do código celeste!

Sentia-se, assim, quase feliz, sabendo que não sofria sem causa, que a sua dor tinha razão de ser!

Achava racional e lógica a doutrina das reencarnações que lhe vinha solucionar problemas vários, solução que as religiões não lhe puderam oferecer.

As diferenciações sociais, a desigualdade das riquezas, as disparidades que observava no seio das coletividades, tudo isso, que na aparência traz o cunho de injustiças clamorosas, à luz da ciência espírita, tinha uma explicação tão natural que se admirava mesmo de não a ter encontrado antes.

Assistia agora às sessões públicas da Federação, às terças e sextas-feiras, onde seu espírito sequioso de luz e de justiça ia dessedentar-se.

Quase sempre, numa sessão particular que ela também frequentava, o Espírito de Martinho se incorporava[7] para explanar trechos do Evangelho, numa elevação de linguagem, numa sublimidade de conceitos que lhe tocavam fundo ao coração.

E como se sentia ela feliz, ouvindo os ensinamentos caridosos de seu grande amigo!

Um dia, em sessão mediúnica, já passados alguns meses após a morte de Fábio, Martinho anuncia a vinda de um Espírito infeliz, de um irmão que sofria horrivelmente.

Era o Espírito de Fábio.

Ela nunca pôde esquecer aquele momento, o instante em que o médium, completamente transfigurado, incorporava[8] o Espírito do grande desgraçado!

Ah! como sofria ele! E — coisa notável! — sua dor era mais violenta quando se referia ao gênero de morte que escolhera, com a responsabilidade de seu livre-arbítrio!

Agora, sim, compreendia o alcance das palavras que o Espírito de Martinho lhe dirigira naquela noite memorável, quando, levada pelos seus inimigos do plano invisível, pretendia interromper a vida terrestre.

---

7   N.E.: Mediunidade de psicofonia.
8   N.E.: Idem.

Marta

O sofrimento de Fábio era incalculável, indescritível mesmo!

E ela teve medo de que o homem que a infelicitara revelasse o seu passado de crimes hediondos.

Felizmente, o Espírito tratou exclusivamente de sua dor!

Ao voltar a casa, nessa noite, Marta passou por dolorosa provação.

D. Raquel, referindo-se à comunicação de Fábio, contou-lhe uma história idêntica à sua, omitindo, por não saber ou por vontade, os nomes dos respectivos protagonistas!

Era a história de Marta, com o seu cortejo de crimes, perfídias e indignidades!

Sim, era bem a sua história, analisada cruamente, mas sem rancor!

— E o filho que essa infeliz mulher — concluiu D. Raquel — abandonou num momento de verdadeira loucura é esse que aí tens nos braços e que uma preta desventurada,[9] há pouco desaparecida da vida objetiva, me confiou, relatando, entre lágrimas, a tragédia espantosa que se desenrolou há uns dois anos em humilde recanto de um estado nordestino!

Marta chorava violenta e convulsivamente, percebendo, por uma intuição, que era a sua própria história que ouvia ali, da boca de uma mulher que não sabia, talvez, estar diante da infortunada autora de tamanha tragédia. E entre as lágrimas que lhe queimavam as faces, alguma havia de secreta alegria: Moisés era seu filho!

Marta não dormiu por toda a noite. Ora pensava, ora chorava.

— Deus! — exclamou a desgraçada. — Basta de sofrimento! A minha vida é inútil na face da Terra! Para todos os lados que me volto, a tua Justiça me condena e aponta como perigosa delinquente! Por que me não levas, por conseguinte, para a vida dos Espíritos, num gesto de suprema clemência? Basta, meu Pai, de tantas lágrimas, de tantas amarguras e de tantas provações!

Fora, chovia torrencialmente.

As árvores, açoitadas pelo vento que rugia, bracejavam na treva como gigantes acorrentados.

---

9   N.E.: Vide nota 1, p. 21.

Fernando do Ó

De vez em quando, rasgavam a escuridão fantástica da noite relâmpagos prolongados.

Na vidraça da janela, a chuva cantava áspera e violentamente.

Marta olhava agora para o exterior.

Ardia em febre.

Sua cabeça escaldava e sentia a tortura de uma dispneia horrível.

Abriu a janela.

Uma onda de ar úmido e frio envolveu-a completamente, fazendo-a retroceder.

Queria dormir, mas os nervos se lhe opunham à vontade.

Atirou-se ao leito.

Com o contato da cama, tossiu um pouco. Pensava na vida.

Seria mesmo a sua história que acabara de ouvir, ou uma idêntica?

Há tantas histórias parecidas...

Algo, porém, lhe dizia à consciência que fora ela a protagonista do que vinha de escutar. Sim, D. Raquel contara a sua história.

Pela madrugada, quando o temporal cessara um pouco, a infeliz conseguiu conciliar o sono.

Tinha febre: a cabeça parecia querer estalar.

Uma dor violenta, à altura dos pulmões, torturava-a.

Pela manhã, não se pôde levantar, por mais esforço que fizesse.

A tosse recrudescera.

D. Raquel, alarmada, mandou chamar o médico da família.

Este, após minucioso exame, diagnosticou uma pneumonia.

Marta, coitada, sofria mais por não ter ao lado o travesso Zezé, a quem tanto se afeiçoara por lhe trazer à lembrança a figura outrora querida de Fábio, do que mesmo pela sua própria enfermidade. Agora, então, que tudo indicava ser ele seu filho, maior se tornara o apego que tinha pela criança. Todavia, guardara inviolável segredo. Para o bem de Zezé, ninguém devia conhecer em Marta a mãe transviada.

D. Raquel compreendera sua predileção pelo garoto, mas que fazer?

Era lá possível Moisés viver ao lado de Marta, doente como estava?

Marta

Impossível. Entretanto, contrariando as determinações severas do médico, de quando em vez, para consolo daquela alma ulcerada pelo sofrimento, ia até o quarto de Marta com Moisés pela mão, a fim de que a presença da criança, naquela alcova onde o anjo da morte pretendia distender as suas asas, lançasse no coração chagado da enferma um pouco de alegria e de conforto.

Eram os momentos mais felizes para a desgraçada, quando podia abraçar, num olhar terno e prolongado, onde se manifestavam os doces claros da felicidade que só encontramos no olhar bendito das mães, aquela tenra criaturinha tão semelhante ao filho que deixara um dia esquecido nos aposentos perfumados de sua quinta distante.

A história que D. Raquel lhe contara naquela noite se havia insinuado de tal maneira em seu espírito, que, às vezes, tinha desconfiança de que a sua benfeitora lhe estava a par da vida criminosa.

Mas não podia ser. D. Raquel não era hipócrita e tanto isso era verdade que jamais tentara, prevalecendo-se de sua posição, penetrar o mistério de sua existência tão fértil em lágrimas e desgostos.

Mas como podia ela aceitar uma história tão semelhante, em seus mais insignificantes detalhes, à odisseia de sua vida?

Pensava, porém, que D. Raquel jamais engendraria quaisquer historietas para desvendar o segredo de sua vida dolorosa.

Era, pois, verdade tudo quanto aquela mulher lhe contara.

E se fosse a sua própria história?

D. Raquel bem podia ter esquecido os nomes dos protagonistas desse drama comovente, e como pouco lhe dava o viver de cada um, não aprofundara as suas pesquisas. Tomara a seus cuidados a criança, não lhe interessava o resto.

Assim, Marta estava quase convencida de que Moisés era seu filho. Mas como provar semelhante asserto?

Era mister esperar.

E se revelasse o seu segredo?

D. Raquel, certamente, expulsá-la-ia de casa como uma mulher perigosa.

Mas era tão boa aquela senhora!

E com que solicitude atendia às suas necessidades.

Fernando do Ó

O tempo corria e Marta lentamente ia readquirindo um pouco de suas forças físicas.

Mercê dos desvelos do médico e de sua benfeitora, ela sentia que melhorava, mas que jamais gozaria saúde como outrora.

A tosse, principalmente, pertinaz e por vezes violenta, é que mais a martirizava.

Com certeza ficaria tuberculosa.

E a esse pensamento, teve um sorriso de amarga consolação.

Um dia, o médico lhe disse que se podia levantar um pouco.

Teve, por isso, um momento de fugaz alegria.

Entretanto, a coitada mal se podia ter de pé, tal o estado de fraqueza a que chegara.

Caminhando pelo interior da casa, agarrava-se às paredes, aos móveis, para não cair.

Dava pena vê-la assim — sombra do que fora alguns anos antes.

Envelhecera muito, precocemente.

A longa cabeleira que tinha o negror do ébano apresentava aqui e ali fios brancos, muito brancos, como a neve.

Os cuidados, porém, com que a cercava o casal iam prolongando a vida daquela organização combalida por tantos desgostos e tantos golpes.

Certa vez ouviu o médico aconselhar a mudança de clima, ou melhor, um passeio, uma temporada no Norte.

Efetivamente — pensava Marta —, a pneumonia me atacou fundo os pulmões.

Quando ela se sentiu mais forte, D. Raquel disse-lhe uma tarde:

— Olha, Marta, o médico te aconselha uma temporada no Norte, ainda este inverno. E como o novo dono da quinta onde fui encontrar o nosso Moisés é de nossa amizade, iremos para lá na próxima semana.

— Não se sacrifique por quem nada vale, D. Raquel — obtemperou a pecadora. — Eu sei que morro, quer esteja aqui, quer esteja lá. A minha saúde, bem o sei, ficou seriamente abalada, mas, se eu tiver de curar-me, não serão os ares do Norte que me restituirão a saúde. Vão fazer, por mim, despesas enormes sem probabilidades de êxito. Deixe-me morrer aqui mesmo, nesta terra estranha e...

Não terminou: violenta hemoptise embargou-lhe a voz, prostrando-a na cadeira de que se erguera um pouco.

15

O paquete da Costeira afastava-se vagarosamente do cais, lançando para os céus da metrópole brasileira, pelas suas chaminés negras, grossos rolos de fumo que, como as ilusões que se desfazem ao tufão das realidades esmagadoras, o vento dispersava: fortemente.

A magnífica Guanabara, quieta como se estivesse a dormir embalada por Netuno, assemelhava-se a espelho fantástico onde se refletiam as inúmeras embarcações que àquela hora se mantinham inativas.

À proporção que o navio deixava a nova Babilônia, Marta, que viajava para o Norte em companhia do bondoso casal a quem tanto devia, sentia forte aperto no coração e fartas lágrimas corriam ao longo das faces que a doença emurchecera.

Por que chorava ela?

Por que seu espírito, àquela hora, ao invés de sentir-se feliz por deixar temporariamente aquele lugar onde sofrera tanto, era presa de profunda desolação?

E o paquete, agora, cortava forte as águas, deixando um rastro de espumas e, ao longe, a cidade que mergulhava nos morros, com seus edifícios suntuosos, com os zimbórios monumentais, com as chaminés negras das fábricas e oficinas.

Marta

Marta lembrava-se agora dos momentos felizes que passara ao lado de Fábio, havia quase dois anos, contemplando, da amurada de um navio como aquele — quem sabe se o mesmo! — as belezas estonteantes deste país maravilhoso!

E agora?

Pelo mesmo caminho voltava, com o coração a chorar sobre os escombros de suas ilusões mortas, com o espírito infinitamente triste, velha, feia, a morrer em pé, na tremenda provação de uma enfermidade que mata, enganando os desgraçados.

Como a sorte é vária e o destino, caprichoso!

Naquele tempo, ela fora uma mulher adorável que lançava o assombro e a confusão por onde passava com a sua beleza e graça. Agora, que restava dessa formosura incomparável e deslumbradora?

Vestígios de quem fora bela.

— Deus! — exclamava mentalmente a desventurada. — Como se sofre e como se geme neste mundo de ilusões falazes! Por que não morri ainda, ó Deus? Por que viver assim como objeto de compaixão e de curiosidade? Por que um dia me fizeste bela para me transformar, hoje, em cadáver que por estranho fenômeno se locomove? Ah! É a tua Justiça inflexível e remissora que desfaz, no momento, na cripta da minha consciência os miasmas que me envenenam a alma!

"E será possível, ó Deus! — continuou — que ainda me esteja reservado o grande golpe de rever os sítios que feliz eu percorria, a casa onde nasci e onde erram, talvez, os Espíritos dos entes que me amaram, na ronda eterna da saudade? Será possível que seja para isso que me levam, no derradeiro trânsito de minha existência dolorosa? Se o for, como é inexorável a tua Justiça, ó Deus, como impenetráveis os teus desígnios!

"Oh! eu bem mereço esse castigo, essa indizível provação! É preciso que aqueles que um dia me conheceram, em todo o esplendor de minha beleza pagã, contemplem, nesta carcaça que se move por um castigo do Céu, aquela Tatinha feiticeira de outros tempos, a esposa desonesta e pérfida, a filha ingrata e cruel que de um só golpe despedaçou o coração de um pai, que era o modelo dos pais, e fechou, para sempre, os olhos de uma mãe, esses mesmos olhos que só a fitavam com a incomparável expressão de um amor imortal."

A cidade desaparecera.

Só os morros se alteavam agora, esbatidos, como sentinelas que o perpassar dos séculos petrificara.

O paquete, já em alto-mar, balouçava-se, com as suas vergas gemendo.

A marujada corria de um para outro lado, no desempenho de suas funções.

E o comandante — um velho dinamarquês tostado pelo Sol dos trópicos — contemplava, a fumar em seu indefectível cachimbo, a massa movediça do Atlântico que a hélice do navio cortava furiosa, à vontade do timoneiro.

Marta, sentindo que ia enjoar, recolheu-se à cabine.

Ali era melhor para as suas meditações.

Uma intuição frequente fazia que se arraigasse em seu espírito a certeza inabalável de que fora a sua história a que D. Raquel contara, visto que seguiam para a Paraíba, estado em que nascera, e onde ficava a quinta do velho Carlos.

Era para lá, para esses sítios de tristes e pungentes recordações, que se dirigiam os seus benfeitores.

Tudo agora lhe parecia claro.

Estava, pois, condenada a morrer na mesma terra onde nascera e onde todos a conheciam e sabiam de seus crimes!

Era mister levar a cruz até o seu calvário.

Que se cumprisse a vontade de Deus.

E talvez não a conhecessem mais, dado o seu estado de saúde, que a transfigurara por completo.

No entanto, à medida que o navio se aproximava do porto de destino, ela se sentia presa da maior angústia, da mais profunda melancolia, como se marchasse para um tribunal composto exclusivamente de suas vítimas.

O dia da chegada se aproximava.

Marta

Dentro de vinte e quatro horas, o paquete lançaria ferro no porto da Paraíba. Dali à quinta era questão de meia hora de trem, se é que os seus benfeitores se encaminhavam para o local que ela suspeitava.

Chegados ao destino, desembarcaram e tomaram o trem.

D. Raquel e o seu amável esposo se mostravam alegres e prazenteiros pela feliz viagem que haviam feito, mas, ao mesmo tempo, se sentiam pesarosos em face da melancolia profunda de sua protegida.

Era a doença, pensavam consternados.

A coitada sofrera tanto, que lhe parecia natural essa tristeza.

Na quinta — pensavam ambos —, ela perderá esse ar taciturno.

Quando Marta, de carro, verificou que, em verdade, os seus companheiros se encaminhavam para o lugar de onde, havia dois anos e alguns meses, fugira com o homem que a fizera tão desgraçada, não conteve as lágrimas e chorou copiosamente.

D. Raquel e o marido, solícitos, procuraram dissuadi-la daquela tristeza, tentaram extinguir-lhe as apreensões do espírito, mas só o lograram quase ao término da viagem.

Marta não mais fazia questão de ocultar a sua dor — dor sem precedentes em toda a sua vida, dor capaz de esmagar, aniquilar, matar!

E quando o carro, vagaroso, passou perto do sítio em que confessara a Martinho a sua culpa, teve a impressão de que lhe estalava o coração, de que algum ser infernal lhe esmagava o cérebro com suas mãos possantes.

Olhou ainda e viu a pedra em que se sentara, naquela manhã memorável, para dizer a Martinho o quanto era desgraçada, para revelar ao homem que a amara com loucura o segredo terrível de sua existência.

Lá estava a pedra, no mesmo lugar, e, mais embaixo, o arroio, cujo gemido lhe chegava aos ouvidos com a mesma poesia de outrora, com a mesma tristura de então.

E como se a presença daquilo, que acordava nas profundezas de seu coração lembranças intraduzíveis, não satisfizesse a sede de sofrimento de sua alma dolorida, ela se ergueu um pouco nas almofadas do carro, que agora avançava devagar, como se quisesse auxiliá-la em seus intentos, e olhou, demoradamente, para o mesmo local até que lhe desaparecesse, por trás dos arbustos, a mesma pedra em que se sentara um dia e donde ouvira, dos lábios de Martinho, a confissão dolorosa de sua existência amargurada.

Sombra do que fora, Marta não era mais a mesma jovem risonha e bela na frescura encantadora de seus vinte anos de juventude e de esperanças.

Semelhava um cadáver em marcha para o chão de um cemitério.

— Como tudo termina nesta vida, Santo Deus! — exclamava mentalmente a doente à evocação de um passado feliz, que não ia longe.

Marta chorava.

Em chegando à quinta, felizmente, ela não vira uma só pessoa conhecida: todos lhe eram estranhos.

Até mesmo os antigos trabalhadores haviam desaparecido.

Entrou, em companhia de D. Raquel e dos novos donos da quinta, para aquela casa de tão saudosas e amargas recordações, com os olhos em lágrimas que, furtivamente, limpava.

Por um desses caprichos da sorte, por uma dessas ironias do destino, coube-lhe, como aposento particular, a mesma dependência que ocupara por muitos anos, quando não conhecia ainda a ingratidão dos homens e a crueldade do mundo.

Ao ficar em seu quarto, a sós com a sua consciência, começou a examinar todos os cantos da antiga alcova, como se procurasse arrancá-los à sua mudez eterna, com a eloquência de seu pranto e o poder de sua vontade, para que lhe contassem tudo quanto ouviram após a sua fuga.

Tudo, porém, estava mudado: nenhum objeto que lhe falasse ao espírito, já quase desprendido da Terra, fora ali conservado.

Então, dirigiu-se à janela e olhou. Quantas recordações, quantas cenas, quantas lembranças não lhe acudiam à mente agora, naquele triste pôr de sol, à vista do pomar onde passeara tanto, ao lado de Fábio, sob o olhar triste de Martinho!

Marta

Olhou para o mesmo local em que se entregou ao homem que a lançara, depois, no tremedal do infortúnio, que a abandonara, um dia, como coisa absolutamente imprestável.

E caiu em grave meditação.

Para ela, só uma coisa merecia desvelos e cuidados, uma constante inspeção: a alma, o princípio inteligente que subsiste à morte da carne, que zomba das investigações materialistas, que escapa ao trabalho grosseiro das necropsias, que se não deixa encerrar nas quatro paredes negras do caixão funerário.

E a sua alma ansiava agora, esclarecida pela fé raciocinada que destrói dogmas e não conhece peias, o momento supremo de sua redenção pela morte!

Sim, a morte redimi-la-ia, porque lançaria seu Espírito na erraticidade, e lá, então, começaria logo a haurir conhecimentos para uma vida futura de renúncia, sacrifício e amor, não desse amor materializado que a perdera, mas de um amor que se não entretém nos prazeres efêmeros da carne!

Havia sofrido muito e, por isso, tinha profunda convicção de que ia morrer, de que ia libertar-se das baixezas do mundo, a fim de preparar-se para uma vida de lutas pela glorificação do bem e da verdade!

Mas, antes de morrer, devia contar a D. Raquel a sua história, queria que ela lhe dissesse, além do que já sabia pelo estudo acurado da ciência espírita, que nem tudo estava ainda perdido para seu Espírito rudemente vergastado pelo tufão da desgraça!

E, assim pensando, não viu que anoitecera, e que a Lua, como naquela noite em que esperava por Fábio, começava a rolar pelas arcadas do infinito.

E quando pretendia de novo entregar-se aos tristes pensamentos, alguém bateu de mansinho à porta.

Era a criada, que vinha convidá-la para a refeição.

Jantou pouco e logo se retirou para os seus aposentos.

Por um escrúpulo natural, queria evitar o contato com as demais pessoas.

Todos tinham pena dela.

Fernando do Ó

Era moça ainda e, por isso, pensavam, devia sofrer muito por se achar presa de uma enfermidade terrível, que zomba dos conhecimentos humanos.

Quando a ciência oficial supõe que tudo está ao alcance do homem, que não há mais segredos a desvendar, eis que esbarra com uma nova equação e a sua incógnita tremenda.

Marta, porém, não se sentia pesarosa por estar atacada da peste branca; pelo contrário, tinha nisso uma consolação: sua morte não se faria demorar e, com ela, desapareceriam os sofrimentos do corpo, porque os da alma a esta acompanham até a sua completa depuração!

Que viesse, pois, a morte libertar sua alma dolorida, arrancá-la à provação que já lhe excedia as forças.

Se ao menos ainda tivesse ao lado a boa mãe, o pai extremoso, a vida não lhe havia de parecer tão penosa, tão fértil em lágrimas, tão abundante em dores.

Mas os pais haviam morrido ou, melhor, ela os assassinara pelo desgosto, num momento de irreflexão, de leviandade!

Ah! esse era talvez o seu maior crime, a sua máxima culpa!

Assim, todos os seus sofrimentos eram insuficientes para lhe resgatar o erro, a falta tremenda.

Deus ainda era indulgente para com o seu grande pecado. Sua própria consciência se assombrava à simples evocação de seus erros!

Pobre criatura!

16

Marta sentia-se cada vez mais prejudicada em seu estado de saúde.

A tísica minava-lhe o organismo.

Era verdadeiro cadáver a infeliz. Ninguém, absolutamente ninguém que a tivesse conhecido dois anos antes, reconheceria, naquele ser que caminhava a passos rápidos para o sepulcro, a sedutora Tatinha, a formosa mulher de Martinho, a encantadora filha do velho Carlos.

Só uma coisa conservava da beleza antiga: os grandes olhos vivos, irrequietos e impacientes.

Eram bem dois ônix incrustados na brancura de marmórea face.

Um dia, pela manhã, quando a passarada cantava nas frondes das mangueiras vestidas de verde, Marta quis rever, como se esperasse que a emoção lhe abreviasse a vida amargurada, os sítios onde passara os momentos mais alegres de sua mocidade.

E esteve no local onde revelara a Martinho a sua falta e no recanto do pomar onde se entregara a Fábio.

Chorou amargamente, se é que ainda os seus olhos podiam chorar.

Caminhou, em seguida, por quase toda a quinta.

Foi mesmo até o pequeno cemitério que distava do local apenas algumas centenas de metros.

Marta

Percorreu-o todo. E quando se encaminhava para o modesto portão, descobriu, sobre a humildade de uma cova rasa, uma cruz tosca com saudoso nome que a fez estremecer.

Tinha só esta palavra — Martinho — e nada mais.

Marta ajoelhou-se e pôs as mãos em atitude de prece.

E disse, entre lágrimas:

— Martinho, aqui me tens no derradeiro trânsito da vida! Contempla a tua Tatinha e vê o que os sofrimentos lhe fizeram, o que a dor lhe produziu! É a sombra do que foi, é cadáver que rola para o seio generoso da Terra! Martinho, vem amparar-me na hora última, vem desenclausurar-me a alma desse montão de ossos que, por um castigo do Céu, ainda retém o meu Espírito! Sinto que morro, mas quero morrer contemplando-te a alma redimida pelas provações, no momento solene de minha partida! Perdoa a tua Marta, que muito errou porque muito amou, na frase divina do Cristo de Deus! Deixa, Martinho, que eu enfeite a tua sepultura nua, onde nunca nasceu uma saudade, com as lágrimas pungentes do meu coração chagado! É a derradeira homenagem que, na vida do corpo, pode o meu Espírito torturado render à pureza de tua alma, à grandeza celestial do teu amor!

"Vem, Martinho — continuou a desgraçada meio transfigurada pela dor —, ensinar-me como se ama, como se compreendem as leis sagradas de Deus, como se evolve, como as almas se depuram e como os corações atingem o grau de pureza que atingiu o teu na Terra! Leva-me daqui, coloca-me sob as tuas níveas asas e, em excursão pelo Infinito, mostra-me as maravilhas da obra de Deus, as esferas destinadas aos eleitos do Pai, aos que na Terra deixaram no coração da humanidade esses sulcos luminosos de que nos fala a História e pelos quais se mede a grandeza das almas de Vicente de Paulo, de Francisco de Assis, de Antônio de Pádua e, culminando, da alma imaculada do doce e humilde filho de Maria de Nazaré!"

E calou-se, ofegante.

O esforço que fizera fora tão grande que a desgraçada, sem forças, como que se imobilizara à borda do túmulo de Martinho.

Só mais tarde, pôde a custo erguer-se e tomar o caminho de casa.

Ia pensativa, apreensiva mesmo.

Tinha tido, no momento da prece, de sua invocação, intuição de que morreria dentro de algumas horas.

Era mister preparar-se para transpor a fronteira do Além, aonde nos acompanha a incorruptível Justiça do Pai.

Ao chegar à quinta, dirigiu-se para o quarto, deitando-se em seguida.

Nesse dia, não pôde tomar alimento algum.

Sentia-se horrivelmente cansada, vítima de fortíssima dispneia.

Era o começo do fim.

E ia morrer sem beijar o rosto cândido de Moisés!

Tremenda provação!

Mas era preciso vê-lo, para morrer tranquila.

Pediria a D. Raquel que ao menos lhe mostrasse, de longe, aquela criança a quem tanto se afeiçoara, e, como era o seu último pedido, certamente a boa senhora a atenderia.

Quando se lhe aumentava mais ainda o sofrimento, D. Raquel empurrou de mansinho a porta e entrou.

De um rápido golpe de vista, percebeu que Marta ia muito mal, talvez não resistisse muito tempo.

Sentou-se à borda do leito e, com palavras repassadas de carinho, preparava aquele Espírito prestes a desprender-se para a suprema viagem.

— D. Raquel — disse a custo, numa voz muito baixa, a infeliz —, preciso contar-lhe a minha história, à beira do meu sepulcro.

— Não, Marta, eu não preciso nem quero saber a tua história. Sei que és uma alma sofredora e suficientemente preparada para a morte. Vais cansar-te muito, sem proveito algum.

— Não morreria satisfeita com a minha consciência se deixasse de fazer-lhe o relato de minha vida, mormente no decorrer dos três últimos anos.

— Visto que assim o queres, fala, mas com cuidado, sem atropelos, vagarosamente.

Marta pensou um pouco, de olhar fito no teto, muito admirada, como se estivesse presenciando alguma cena interessante.

Marta

Houve momentos em que sorrisos de íntima satisfação lhe brincaram nos lábios descorados e ressequidos pela febre.

D. Raquel contemplava a enferma com infinita doçura.

Que poderia a desgraçada dizer-lhe?

Que levara a vida a sofrer, e nada mais. Era a história de todas as pecadoras.

Marta aprumou-se um pouco nos travesseiros que D. Raquel carinhosamente lhe colocara às costas.

— A minha vida — começou ela — é quase a mesma de todas as mulheres que rolam pelo declive do vício.

E principiou a história, com todos os pormenores da sua vida, desde que fora para o colégio da capital.

Nada omitiu, nada deixou obscuro.

E para arrematar:

— Moisés é, pois, o meu filho, o filho do meu amor e do meu crime. Agora não lhe fala a pecadora, mas a mãe redimida pela dor, pelas lágrimas, pelas provações. Seja para esse inocente, que um dia abandonei para seguir um homem sem coração, mas a quem, apesar de tudo, amei como a mais nada amei na vida, mãe carinhosa e nunca lhe diga que teve outra mulher como mãe. É preciso que ele viva sem nunca ter sabido que veio ao mundo pela mão do crime.

"Vou morrer — prosseguiu com dificuldade — no mesmo local onde prevariquei, sem o perdão de meus pais que tanto me confortaria na hora derradeira, mas sei que Martinho me perdoou e que a senhora saberá pedir a Deus pela infeliz que ainda não sofreu à altura de suas culpas."

E calou-se, ofegante.

D. Raquel contemplava, comovida, aquela mulher que tanto errara, mas que também muito padecera.

Marta respirava com extrema dificuldade. Seu olhar dirigiu-se de novo para o teto.

Um quadro surpreendente se desenrolava diante de seus olhos parados e muito abertos: um sorriso de infinita consolação lhe dançava nos lábios.

— É... Martinho — disse, quase a morrer. — É ele... que... vem buscar-me... Como é... belo... Sorri e... acena-me... doce... mente... Ah! meus pais!... Minha... mãe... ela me... perdoa...

Calou-se mais uma vez.

Seu Espírito desprendia-se.

Desligando-se, ele se concentrava à altura do coração, como para dar a Marta um último sopro de vida.

— D. Raquel, adeus... obrigada... Moisés... meu... filho... querido... beijos... Meu... corpo... ao... lado sepultura... Martinho... Adeus... Ore por... mim... por... Fábio...

Grande, infinito amor aquele!

— Mamãe! — falou alto alguém que penetrara no quarto, furtivamente.

Era Moisés.

Marta, num esforço de que só é capaz a alma das mães, ergueu-se um pouco sobre os cotovelos e olhou com um ar de incomparável doçura, de infinita meiguice, para aquela criança que na hora derradeira lhe vinha cantar aos ouvidos, ao espírito e ao coração, esse nome que é uma epopeia de luz — mãe!

Olhou-o tanto como se quisesse gravar no fundo da alma, pela eternidade afora, os traços daquela criança, já que não podia transmitir-lhe, na suprema consolação de um beijo, todo aquele imenso amor que revelava, na mulher perdida, o sentimento da maternidade que redime, transfigura, eleva e santifica!

E seu Espírito partiu, deixando um sorriso suave, quase divinizado, no rosto sem vida e macilento da infeliz Tatinha!

O EVANGELHO NO LAR

Quando o ensinamento do Mestre vibra entre quatro paredes de um templo doméstico, os pequeninos sacrifícios tecem a felicidade comum.[1]

Quando entendemos a importância do estudo do Evangelho de Jesus, como diretriz ao aprimoramento moral, compreendemos que o primeiro local para esse estudo e vivência de seus ensinos é o próprio lar.

É no reduto doméstico, assim como fazia Jesus, no lar que o acolhia, a casa de Pedro, que as primeiras lições do Evangelho devem ser lidas, sentidas e vivenciadas.

O espírita compreende que sua missão no mundo principia no reduto doméstico, em sua casa, por meio do estudo do Evangelho de Jesus no Lar.

Então, como fazer?

Converse com todos que residem com você sobre a importância desse estudo, para que, em família, possam compreender melhor os ensinamentos cristãos, a partir de um momento de união fraterna, que se desenvolverá de maneira harmônica e respeitosa. Explique que as reflexões conjuntas acerca do Evangelho permitirão manter o ambiente da casa espiritualmente saneado, por meio de sentimentos e pensamentos elevados, favorecendo a presença e a influência de Mensageiros do Bem; explique, também, que esse momento facilitará, em sua residência, a recepção do amparo espiritual, já que auxilia na manutenção de elevado padrão vibratório no ambiente e em cada um que ali vive.

Convide sua família, quem mora com você, para participar. Se mora sozinho, defina para você esse momento precioso de estudo e reflexões. Lembre-se de que, espiritualmente, sempre estamos acompanhados.

Escolha, na semana, um dia e horário em que todos possam estar presentes.

---

[1] XAVIER, Francisco Cândido. *Luz no lar*. Por Espíritos diversos. 12. ed. 7. imp. Brasília: FEB, 2018. Cap. 1.

O tempo médio para a realização do Evangelho no Lar costuma ser de trinta minutos.

As crianças são bem-vindas e, se houver visitantes em casa, eles também podem ser convidados a participar. Se não forem espíritas, apenas explique a eles a finalidade e importância daquele momento.

O seguinte roteiro pode ser utilizado como sugestão:

1. Preparação: leitura de mensagem breve, sem comentários;
2. Início: prece simples e espontânea;
3. Leitura: *O evangelho segundo o espiritismo* (um ou dois itens, por estudo, desde o prefácio);
4. Comentários: breves, com a participação dos presentes, evidenciando o ensino moral aplicado às situações do dia a dia;
5. Vibrações: pela fraternidade, paz e pelo equilíbrio entre os povos; pelos governantes; pela vivência do Evangelho de Jesus em todos os lares; pelo próprio lar...
6. Pedidos: por amigos, parentes, pessoas que estão necessitando de ajuda...
7. Encerramento: prece simples, sincera, agradecendo a Deus, a Jesus, aos amigos espirituais.

As seguintes obras podem ser utilizadas nesse momento tão especial:

- *O evangelho segundo o espiritismo*, como obra básica;
- *Caminho, verdade e vida; Pão nosso; Vinha de luz; Fonte viva; Agenda cristã.*

Esse momento no lar não se trata de reunião mediúnica e, portanto, qualquer ideia advinda pela via da intuição deve permanecer como comentário geral, a ser dito de maneira simples, no momento oportuno.

No estudo do Evangelho de Jesus no Lar, a fé e a perseverança são diretrizes ao aprimoramento moral de todos os envolvidos.

O LIVRO ESPÍRITA

Cada livro edificante é porta libertadora.

O livro espírita, entretanto, emancipa a alma nos fundamentos da vida.

O livro científico livra da incultura; o livro espírita livra da crueldade, para que os louros intelectuais não se desregrem na delinquência.

O livro filosófico livra do preconceito; o livro espírita livra da divagação delirante, a fim de que a elucidação não se converta em palavras inúteis.

O livro piedoso livra do desespero; o livro espírita livra da superstição, para que a fé não se abastarde em fanatismo.

O livro jurídico livra da injustiça; o livro espírita livra da parcialidade, a fim de que o direito não se faça instrumento da opressão.

O livro técnico livra da insipiência; o livro espírita livra da vaidade, para que a especialização não seja manejada em prejuízo dos outros.

O livro de agricultura livra do primitivismo; o livro espírita livra da ambição desvairada, a fim de que o trabalho da gleba não se envileça.

O livro de regras sociais livra da rudeza de trato; o livro espírita livra da irresponsabilidade que, muitas vezes, transfigura o lar em atormentado reduto de sofrimento.

O livro de consolo livra da aflição; o livro espírita livra do êxtase inerte, para que o reconforto não se acomode em preguiça.

O livro de informações livra do atraso; o livro espírita livra do tempo perdido, a fim de que a hora vazia não nos arraste à queda em dívidas escabrosas.

Amparemos o livro respeitável, que é luz de hoje; no entanto, auxiliemos e divulguemos, quanto nos seja possível, o livro espírita, que é luz de hoje, amanhã e sempre.

O livro nobre livra da ignorância, mas o livro espírita livra da ignorância e livra do mal.

Emmanuel[1]

---

[1] Página recebida pelo médium Francisco Cândido Xavier, em reunião pública da Comunhão Espírita Cristã, na noite de 25 de fevereiro de 1963, em Uberaba (MG), e transcrita em *Reformador*, abr. 1963, p. 9.

LITERATURA ESPÍRITA

Em qualquer parte do mundo, é comum encontrar pessoas que se interessem por assuntos como imortalidade, comunicação com Espíritos, vida após a morte e reencarnação. A crescente popularidade desses temas pode ser avaliada com o sucesso de vários filmes, seriados, novelas e peças teatrais que incluem em seus roteiros conceitos ligados à Espiritualidade e à alma.

Cada vez mais, a imprensa evidencia a literatura espírita, cujas obras impressionam até mesmo grandes veículos de comunicação devido ao seu grande número de vendas. O principal motivo pela busca dos filmes e livros do gênero é simples: o Espiritismo consegue responder, de forma clara, perguntas que pairam sobre a Humanidade desde o princípio dos tempos. Quem somos nós? De onde viemos? Para onde vamos?

A literatura espírita apresenta argumentos fundamentados na razão, que acabam atraindo leitores de todas as idades. Os textos são trabalhados com afinco, apresentam boas histórias e informações coerentes, pois se baseiam em fatos reais.

Os ensinamentos espíritas trazem a mensagem consoladora de que existe vida após a morte, e essa é uma das melhores notícias que podemos receber quando temos entes queridos que já não habitam mais a Terra. As conquistas e os aprendizados adquiridos em vida sempre farão parte do nosso futuro e prosseguirão de forma ininterrupta por toda a jornada pessoal de cada um.

Divulgar o Espiritismo por meio da literatura é a principal missão da FEB, que, há mais de cem anos, seleciona conteúdos doutrinários de qualidade para espalhar a palavra e o ideal do Cristo por todo o mundo, rumo ao caminho da felicidade e plenitude.

FEB editora
Livro espírita para um novo mundo
www.febeditora.com.br
@febeditoraoficial
@febeditora

Conselho Editorial:
Carlos Roberto Campetti
Cirne Ferreira de Araújo
Evandro Noleto Bezerra
Geraldo Campetti Sobrinho – Coord. Editorial
Jorge Godinho Barreto Nery – Presidente
Maria de Lourdes Pereira de Oliveira
Miriam Lúcia Herrera Masotti Dusi

Produção Editorial:
Elizabete de Jesus Moreira

Revisão:
Anna Cristina de Araújo Rodrigues
Larissa Meirelles Barbalho Silva

Capa, Projeto Gráfico e Diagramação:
Thiago Pereira Campos

Foto de Capa:
https://www.istockphoto.com/ brickrena

Normalização Técnica:
Biblioteca de Obras Raras e Documentos Patrimoniais do Livro

Esta edição foi impressa pela Gráfica e Editora Qualytá Ltda., Brasília, DF, com tiragem de 3 mil exemplares, todos em formato fechado de 155x230 mm e com mancha de 11,5x18,3 mm. Os papéis utilizados foram o Off white book 58 g/m² para o miolo e o Cartão 250 g/m² para a capa. O texto principal foi composto em fonte Adobe Garamond 13x15 e os títulos em Adobe Garamond 72x108. Impresso no Brasil. *Presita en Brazilo.*